아버지의 마음은
싸리 문짝에
걸어 놓았고

어머니의 마음은
나물 캐던 산길에
남겨놓았다

바람은 친구 되어
이 부 경 시집

도서출판 **태평양저널**

책머리에

　나는 어릴 적부터 시를 퍽 좋아했다.
　좋은 시와 만나면 한여름 갈증 날 때 시원한 냉면 한 그릇을 먹는 맛보다 더 좋아하면서도 시 쓰기에는 겁을 먹었다. "이것을 시라고 썼어?" 라고 비판 받는 것이 두려웠다. 가끔 습작에 몰두했지만 남들에게 선보이겠다는 것은 평생의 꿈으로만 접어 둬야 했다.
　그러던 중 상록수 문학회의 최세균 회장님께서 나의 습작시를 보자 하여 보였더니 기교면에서는 부족하지만 시적 감수성이 풍부하고 자질이 뛰어남으로 충분한 습작을 거쳐 등단했으면 좋겠다는 권유를 받게 되었다.
　그 후, 마침내 2003년 계간 상록수 문학 가을호에 '귀뚜라미' 외 수편이 당선, 신인상을 받았다. 이후 나도 이제 시인의 반열에 올라 시를 쓸 자격을 얻은 것으로 믿고 시 쓰기를 열심히 했다. 남의 시를 읽는 것도 좋지만 내가 시를 쓰고 다듬어 가는 것도 큰 기쁨이었다.
　그간 10여 권의 책을 써 왔으나 내 나이 75세의 고령에 시 문단에 입문했다는 것은 망령이라는 비판을 받을 일일지도 모른다. 그러나 시 세계에 몸을 담고 살아갈 것을 생각하면 가슴이 뛰고 새 희망이 부풀어 온다. 여기 써 놓은 글들은 늙은이의 넋두리로 이해하고 읽어 주시면 그 감사 이를 데 없을 것 같다.
　70년도 더 묵은 고목에 시인이라는 꼬리표를 달아주신 최세균 회장 목사님께 지극한 감사를 드리며 여생을 시와 함께 살아갈 새로운 욕심을 내 본다.

이 부 경

■차 례

5 | 책머리에
158 | 이부경의 작품세계 / 최세균

1부
세월 따라 흘러간 노래들

13 | 세월 따라 흘러간 노래들
14 | 세월의 인생 열차에 몸을 싣고
15 | 오늘이 가면 내일이 올 거야
16 | 그때 그 시절이 더 좋았어
18 | 추억의 그리운 노래
19 | 먼 훗날
20 | 과거가 있기에
21 | 계곡수의 추억
22 | 바람은 친구 되어
24 | 5월의 노래
26 | 겨울은 봄을 위해

2부
아버지와 어머니의 마음

29 | 아버지의 마음과 어머니의 마음
30 | 어머니의 기도
31 | 보릿고개
32 | 침묵(沈默)의 그리운 산(山)
33 | 젊은이와 늙은이
34 | 예수님의 얼굴에 먹칠하는 자
36 | 노마도로(老馬導路)
37 | 나의 직장은 나의 생명 줄
38 | 겸손케 하옵소서

40 | 산길이 그리워
41 | 평화로운 우리 소
42 | 어미 소의 눈물

3부
야생화 사랑

47 | 야생화 사랑
48 | 철쭉꽃 사랑
49 | 나는 잡초가 아니올시다
52 | 매화의 눈물
54 | 노송(老松)
55 | 조화(造花)도 꽃이련가
56 | 초록 잎에 감사
58 | 신록(新綠)의 오월(五月)
59 | 사랑하는 벚꽃아
60 | 잔디와 크로버
62 | 아쉬운 사랑의 벚꽃

4부
젊은 사명의 길

65 | 젊은 사명의 길
66 | 일등 의식
67 | 일은 인생의 꽃
68 | 일의 진미
70 | 긍정과 부정
73 | 염색머리 인성
74 | 남녀평등의 원리
76 | 잡종 강세론(雜種 强勢論)
78 | 그 소녀 있기에
80 | 자랑스런 지식인
82 | 무능자는 무능을 모른다

84 | 완숙된 인생
86 | 땡감과 홍시

5부
자연과의 대화

89 | 비단결 홍엽 단풍
90 | 가을의 정취(情趣)속에서
91 | 낙엽(落葉)은 굴러가도
92 | 들국화
94 | 담배꽁초와 산불
96 | 얼음장 밑의 계곡수(溪谷水)
97 | 가을의 정취
98 | 침묵의 적설경(積雪景)에
100 | 낙조(落照)의 여심(旅心)
101 | 귀뚜라미
102 | 시(詩)의 소심(素心)
103 | 야생 동물의 낙원
104 | 무식한 개구리 소리
105 | 비경(秘境)의 계류(溪流) 앞에서
106 | 갈매기
108 | 하루살이
110 | 어느 계류(溪流) 앞에
111 | 초승달
112 | 명산(名山)의 홍엽 단풍(紅葉 丹楓)
114 | 흙과 땅
115 | 봄 나비
116 | 신토불이(身土不二)
118 | 소낙비
119 | 새 봄은 왔지만
120 | 달님

6부
친절은 마음의 꽃

125 | 친절은 우아한 마음의 꽃
126 | 친절은 사랑의 심벌
127 | 좋은 친구
128 | 제 말만 떠드는 맹추·
129 | 인사는 행복의 생명수
130 | 뻐꾸기 심성
132 | 건강에 나래 달고
134 | 병 못 고치는 의사가 의사냐
136 | 소인(小人)과 대인(大人)
138 | 사람의 심성

7부
잡상(雜想)

141 | 노화(老化)의 저속화(低俗化) 신호등
142 | 고독
144 | 감동
146 | 축시(祝詩)
148 | 뱀은 뱀이다
150 | 잎담배 사랑
152 | 내가 존경했던 상사님
153 | 새벽에 텐트 치는 행복
154 | 농심(農心)과 도심(都心)
156 | 늙은이의 삶의 지혜

164 | 나의 삶, 나의 인생역정

1부
세월 따라
흘러간 노래들

세월 따라 흘러간 노래들
세월의 인생 열차에 몸을 싣고
오늘이 가면 내일이 올 거야
그때 그 시절이 더 좋았어
추억의 그리운 노래
먼 훗날
과거가 있기에
계곡수의 추억
바람은 친구 되어
5월의 노래
겨울은 봄을 위해

♠
현대문명의 거센 숨결에
순박했던 고향인심 투박해지고
구름소리 바람소리 여전하지만
그 옛날의 바람소리 낯설게 흐느껴지네

지금 와서 회상하니
그 때 그 시절이 더욱 그립고
　- '그때 그 시절이 더 좋았어' 중에서

세월 따라 흘러간 노래들

떠나버린 세월은 추억을 남겼고
추억은 노래되어 그리움을 남겼네

그렇게 사랑했던 나날들
흘러간 세월들을 노래에 실어
그리움을 달래보는 세월의 연정들

멀리 멀리 떠나버린 그리운 세월들
지내온 세월을 누가 알랴

우리 함께 살아 온 아름다운 세월들
산 넘어 고개 넘어 어딘가에 숨어 있겠지

그리워라 그 옛날의 정든 사연들
그 시절 그 노래 세월의 바람 타고
그 시절로 다시 돌아와 함께 반겨보자꾸나

세월의 인생 열차에 몸을 싣고

태생적 세월의 속도는 불변율이나
인본적 세월의 속도는 가년가속(加年加速)이어늘
20대까지는 화려한 저속열차를 끌고 밀고 다녔고
30대에 가서는 희망에 부푼 완행열차에 발을 디뎠고
40대에 이르러는 보람찬 급행열차에 올라타고
50대에 다가서니 특급열차에 몸을 맡기고
60대를 맞으니 초조한 고속열차에 몸을 실어 달리고
70대가 되고 보니 체념의 화살열차에서 허무를 느낀다
80대에 이르니 종착역의 신호에 한숨을 쉬며
90대가 되는 날엔 종착역의 표지판만 물끄러미 지켜본다
갖가지 아름다운 추억이 새겨진 유정 무정의 사연들
길고도 짧은 세월 하늘에 날려
시시각각 밀려오는 자투리 세월에 무의미한 여생을 맡긴다

오늘이 가면 내일이 올 거야

오늘이 가면
내일이 찾아 올 거야

광풍이 몰아치고
천둥 번개 하늘을 쳐도

이 한밤 자고 나면
희망의 내일은 다가설 거야

잡다한 일들이 얽혀 있지만
석양 빛 낙조에 묻어 버리고

무수한 별들의 밀어와 기도 속에서
내일을 기약하는 새 힘을 엮어

동편 새 하늘을 웅지로 물들여
새날 내일은 찾아 올 거야

그때 그 시절이 더 좋았어

현대 문명이 옛날을 삼켜 버리고
살기 편한 세상이 되었다 해도
그때 그 시절이 더욱 좋았어

신작로가 훤하게 뚫려있지만
하루 종일 내뿜는 매연 속에서
갖가지 먼지와 소음이 범벅이 되고
공해 물질 굴뚝 되어 숨통을 막아

잘 사는 세상 만들기 자랑하지만
맑은 공기 맑은 환경 강 건너 갔고
어리둥절 낯선 세상 판을 치면서
옛날 그 시절을 밀어붙였네

어린 시절 뛰놀던 정든 오솔길
아파트와 공장 터에 밀려버리고
고향이 있어도 고향은 없고
세월 속의 고향으로 묻혀버렸네

현대문명의 거센 숨결에
순박했던 고향인심 투박해지고
구름소리 바람소리 여전하지만
그 옛날의 바람소리 낯설게 흐느껴지네

지금 와서 회상하니
그 때 그 시절이 더욱 그립고

그 때 그 시절이 더 좋았어

추억의 그리운 노래

그 옛날의
그리운 사연들을
저 멀리
석영(夕映) 빛 지평선에 엮어 날리며
나 홀로
눈시울의 세월을 노래에 적셔 서있네

아! 그리워라
그 옛날의 세월이여 노래여……

이제는 이 언덕에 묶어놓고
더 늙는 세월 가지를 말아다오

먼 훗날

먼 훗날은 내가 도착해 갈 자랑스런 희망의 날
먼 훗날은 나를 기다려 주는 꿈 잔치의 새 날들

그날을 위해 나무 심고 씨 뿌리며
열심히 땀 흘려 잔치 상을 준비해 갈 이날들

멋진 날이 될는지 엉성한 잔치 상이 될는지
간직한 오늘의 마음과 뜻에 달려 있거늘

먼 훗날은 나의 꿈과 동경의 그림이 펼쳐지는 날
그날을 그리며 인고의 오늘을 보람으로 엮어 가야지

먼 훗날은 희망과 연정을 풀어놓는 날
그날 위해 알찬 준비와 정성의 지혜 모은다

먼 훗날은 오늘을 살아온 기록이 밝혀지는 날
향연의 잔치 상에 빛나는 기록의 등불을 켜 볼거나

과거가 있기에

과거 없는 인생은 하나도 없다
과거는 현재의 어머니요 오늘은 미래의 산실
완숙된 과거는 완숙한 오늘과 내일을 살린다

과거는 경험의 寶庫요 현존의 원동력이니
과거 없는 現實論者 뿌리 없는 생화라

과거가 부실하면 과거를 무시하는 법
과거 없는 名人 없고, 과거 없는 匠人도 없다

벼락출세 할수록 과거를 기피하는 법
과거를 무시하는 명인은 위장술의 명수이고
과거 없는 現世論者 자학의 푯대 되니
과거 없는 인생이란 미숙의 표본이란다

계곡수의 추억

높푸른 하늘이 그립고 그리워
바다를 승화하여 구름공원 이루다
자유하늘 바람 타고 하늘을 난다

비단구름 옷자락을 하늘 날리다
산 넘어 고개 넘어 낯익은 산정에
휴식 하면서
한랭한 맑은 바람 청빈을 하여
움츠렸던 체온수 물방울 엮어
동행한 친구들과 뜻을 합하여
계곡의 물길 따라 미끌어 내린다

울룩불룩 바위길이 재미가 있고
바위틈 바위머리 쓰다듬는 모양새 좋아
물소리 계곡소리 화심과 시심을 북 돋는다

심성 좋은 계곡을 스쳐 살다가
언젠가는 다시 찾을 계곡수의 추억을 담아
머나먼 여행길을 떠나가련다

바람은 친구 되어

바람은 늘 나를 따라 다니며 다정한 친구 되어

여름철 후덥지근 숨이 막힐 때
더위를 거둬가는 시원한 샤워되기도

때로는 혼탁한 공기를
날려 가는 청정기 되어주기도

봄날엔 따뜻한 훈풍 되어
꽃 잔치의 향기를 실어 주기도

가뭄 때는 비구름 몰아와서는
온 땅을 적셔주는 샘 줄기 되어 주기도

세상살이 지쳐 우울해 질 때
시원한 생기 되어 안수하기도

가을엔 가을바람 변신을 해서
결실의 선물되어 풍성한 열매 실어 주기도

단풍철엔 시원한 바람 되어
단풍나무 찾아가서 고운 물감 드려주기도

조용한 바다, 소리 없이 찾아가
흰 돛단 배 뱃길 따라 조용히 밀어주기도

한산한 시골 간이역에선
혹시나 빠뜨린 연인 편지 날려 주기도

나를 위해 담 넘어 찾아 온 정든 그 바람
언제나 내 곁에 다정한 친구 되어
사시사철 고운 심성 살갗에 포근하여라

5월의 노래

얼어붙는 삼동을 조용히 이겨내다
지난달 다사한 훈풍에 눈을 틔우고
오월의 품안에서 신록의 무대 이루어
계절의 주연배우, 아카시아, 찔레꽃을
아름아름 앞세워
오월의 향수를 원 없이 뿜어 웃네

오월은 신록의 달
희망과 기쁨과 평화를 새겨 안고
어린이날, 청년, 어버이, 스승의 날,
가정의 달들을 찬미하며
줄줄이 잔치상 열어
오월 속에 일년을 담아
축복의 꽃잎 날리며
높푸른 하늘 향해 경축의 합창을 편다

신록의 노래 손님, 뻐꾸기 꾀꼬리 찾아 와
오월의 가사에 신록의 곡조 달아
지난 세월 추억소리 여기 저기
오월의 사연들을 읊어놓고는
내년을 기약하며 멀리 멀리 아쉬운 여행을 나네

오월 신록은
다가올 유월의 찐한 녹음을 위해 자리 양보하려
지켜온 자리 탐내지 않고 새로운 무대 열어

말없이 미련 없이
자연의 순리 따라 조용히 겸손히
계절을 떠나간다

겨울은 봄을 위해

겨울은 찬란한 봄을 위해 태어난 계절
겨울은 매서워야 봄은 더욱 사랑 받는 것
겨울이 있으니 봄은 눈 속에서 꽃눈 만들고
겨울이 길어지면 봄은 남쪽에서 큰 봄세 부풀려온다

겨울이 두렵지만 봄바람의 온유엔 기가 꺾이고
따사로운 봄의 미소엔 맥이 풀린다

겨울이여 어디선가 숨어 있다가
내년의 봄을 위해 조용히 세월 기다려 살라

2부
아버지와 어머니의 마음

아버지의 마음과 어머니의 마음
어머니의 기도
보릿고개
침묵(沈默)의 그리운 산(山)
젊은이와 늙은이
예수님의 얼굴에 먹칠하는 자
노마도로(老馬導路)
나의 직장은 나의 생명 줄
겸손케 하옵소서
산길이 그리워
평화로운 우리 소
어미 소의 눈물

♠
지혜 안에 활력을 담고
활력 안에 지혜를 심어

서로 서로 사랑하고 존경하면서
경륜과 활력을 한데 어우러

번영의 나래 달고 하늘을 날자
　　　- '젊은이와 늙은이' 중에서

아버지의 마음과 어머니의 마음

아버지의 마음은
싸리 문짝에 걸어 놓았고
어머니의 마음은
나물 캐던 산길에 남겨놓았다

아버지는
가족들 평안을 위해
평생을
싸리 문지기 되어왔고

어머니는
식구들 보양을 위해
평생 나물 캐던 산길에
발자국을 남겨 놓았어

지금은 두 분 다
저 세상 하늘에서
싸리 문짝, 산길을
애석히 그리며
내려다보고 있겠지

어머님의 기도

나는 어머니의 간절한 기도 속에
이 귀한 하나님 땅에 태어났다

태어난 후에도 건강 성장 위하여
어머니의 기도는 계속 되었다

어머니의 기도는 큰 열매되어
하나님의 자녀로서 건강하게 살게 하셨다

하나님은 그 뜻대로 살아갈 사명 주시고
만민 위해 헌신으로 살라하셨다

혼미하고 얼룩진 세상을 살아가면서
하나님을 잊고 사는 세월 맛보니

기도는 저 멀리 남의 동내 일되고는
정신적 육체적 불안은 엄습하며 찾아들었다

이제는 건강 잃고 기도 잃은 방황 길에서
하나님의 사랑과 은혜의 품안에서 소외된 인생

지금 어머니의 기도는 저 멀리 구름 타고 메아리치며
하나님 품으로 돌아오라 애절한 눈물 흘리시겠지

보릿고개

쌀독은 바닥 난지 오랜 일이고
먹을 것은 가뭄에 찌든 산나물 뿐
사랑하는 처자식은 배고픔에 지치다 지쳐
검게 그을린 아버지의 얼굴만 바라다본다

굶기를 밥 먹듯 한숨 속의 절량 농가들
어느 IMF보다 절망적 가난의 세월이니
조반석죽도 바닥난 쌀 단지의 애끓는 타령

보리이삭 여물기만 기다리는 아버지 마음엔
찔레꽃 가뭄이 원망스런 오월의 하늘이었다

그래도 몇 날만 기다리면 풋보리 볶기에 희망을 걸고
허기진 날들을 넘겨 가는 힘겨운 보릿고개

식민통치, 6.25동란에 피폐해진 궁핍의 땅
원한의 보릿고개는 조상들이 물려준 대물림 고개
허리띠 졸라가며 근검절약 땀흘려 넘어서 보니
보릿고개 모르는 젊은이들 신바람 세상이 되어

누가 고생 하랬나 비아냥의 과식 비만의 신종 고개꾼
이럴바엔 차라리 옛날의 보릿고개가 그립다는 해학의 투정
제 잘난 맛으로 멋대로 살아가는 철부지들에게
생명을 담보 받은 하늘은 무엇이라 평가를 할까

침묵(沈默)의 그리운 산(山)

故鄕을 그리움게 지켜온 山
말없이 조용한 微笑지으며 나를 반기네

季節마다 秀麗한 自然美 丹粧하면서
沈默의 歲月 속에 사랑 담겨 안겨 주시고
無言의 純心으로 默想하면서
不言之敎 큰 뜻 山心으로 보여주시네

아버지도 그러했고 祖父母도 그랬다던
敬畏하며 仰慕해온 謹嚴하고 雄壯한 산
山勢 뻗어 마을 낳고 精氣 담아 人物 내고
어머니의 마음하여 仁慈한 모습으로 定座하였네

歲月은 變했어도 山心은 變함없고
雄壯한 모습 하여 季節을 감싸주면서
萬人의 健康 休息 有樂의 길 열어 놓고
情緖心理 醇化에 깊은 情을 품어주시네

登頂한 山客들 征服했다 驕慢치 말고
敬虔히 머리 숙여 感謝하며 仰慕를 하세
沈默의 그리운山 仁慈한 품안
音樂이 있고 詩가 있고 浪漫속에
絶景과 淸流가 있고 寬容과
깊은 사랑이 넘칠 뿐일러……

젊은이와 늙은이

젊은이의 자랑은 활력과 감성에 있고
늙은이의 영화는 지혜와 덕망에 있다

젊은이만 있는 곳엔 지혜가 없고
늙은이만 있는 곳엔 활력이 없다

활력과 지혜가 공존할 때에
발랄한 문화의 꽃을 피운다

늙은이는 이 나라 실존의 뿌리가 되고
젊은이는 미래를 열어 가는 가지인지라

뿌리가 있는 곳에 가지가 돋고
가지가 있는 곳에 뿌리가 번지 듯
뿌리와 가지는 동일한 운명 체

지혜 안에 활력을 담고
활력 안에 지혜를 심어

서로 서로 사랑하고 존경하면서
경륜과 활력을 한데 어우러

번영의 나래 달고 하늘을 날자

예수님의 얼굴에 먹칠하는 자

예수님의 얼굴에 먹칠하는 자는 불신자들이 아니다

평생을 예수님의 이름 빌어 먹고사는 사람들로서
입술로는 예수님을 닮아가라 소리치면서 하지 않는 자
예수님의 향기를 풍기라면서 스스로는 하지 않는 자

분쟁 없이 같은 마음과 같은 뜻으로 온전히 하라에 반역하는 자
교만에서는 다툼만 일어나고 미련한자마다 다툼을 일삼는다는 진리를 모르는 자
무슨 교파, 무슨 측을 선호하며 파당 지으며 지도자연 하는 자들

겸손은 신앙의 보약이며 교만은 신앙의 독극물이란 진리를 모르고 행동하는 자
겸손은 신앙의 핵심이요 교만은 위선자의 핵심임을 모르는 자
겉치레와 사치는 영적 빈곤을 숨기려는 몸부림임을 모르는 자
사치는 겸손의 독소요 교만의 극치임을 모르는 자
교만은 신앙의 적이요 영적 심성을 좀먹는 일임을 모르는 자
참 신앙인은 겸손과 사랑의 실천자임을 깨닫지 못하는 자

돈과 사치를 사랑하는 것은 일만 악의 뿌리임을 모르는 자
다툼이나 허영을 일삼지 말고 오직 겸손한 맘으로 섬기는 뜻 없는 자
내가 대접받기를 원하는 대로 남을 먼저 대접하라는 말씀을 외면하는 자

말과 행동이 각각 딴판인 신앙인이 적 그리스도임을 모르는 자
세속적 사치나 유행을 끌어드리고 검소하고 겸손한 마음을 상하게 하는 자
영혼의 구원은 십자가의 고난과 고통을 알고 가르치면서 딴 짓하는 자

고급 승용차의 소지가 종교계의 계급인줄 착각하는 부패 심리자
높은 사례금이 목회자의 위상이라 생각하는 속 빈 교회 지도자
교회의 자산이 목회자 개인의 소유물로 착각하는 영적 부패자

노마도로(老馬導路)

노마(늙은 말)가 길을 인도한다는 뜻으로
중국의 고사에 나오는 지혜의 명언……

춘추 전국시대
넓고 넓은 중국의 평원에서
죽느냐 사느냐의 대 접전에서
피아가 서로 얽히고 설켜
몇 달 몇 날을 싸우다 보면
동서남북을 가릴 수 없는 황망한 상태가 된다

싸움이 끝나 자기의 진지로 찾아가려 하나
길을 찾지 못해 허둥댈 때
노마를 앞세워 회진을 서둘러 보면
노마는 그들의 진지를 정확히 찾아 간다

늙었다 괄시해 온 노마의 지혜가
승리로 이끈 장군의 위용을 지켜 준 역사적 명언

늙은이의 강점은 지혜에 있고
젊은이의 강점은 힘과 용맹에 있다
늙은이와 젊은이의 슬기가 조화될 때
막대한 사회적, 국가적 힘이 샘솟는다

나의 직장은 나의 생명 줄

내 직장은 나의 생명줄이 되어왔고
내 가족 생존을 위한 터전이었고
나의 애국심을 발휘할 좋은 무대가 되어 왔다

내 직장이 있고서야 나의 인격을 찾을 수 있었고
내 직장이 있고서야 나의 생존의 값을 찾게 되었고
내 직장이 있고서야 나의 꿈과 보람을 갖게 되었다

나의 훌륭한 인격은 훌륭한 직장에서 움터 나왔고
직장은 정성 지혜 활력의 완벽한 투자 장이었다
내가 크기 전에 직장을 먼저 키워야 했고
직장이 커져가니 내 인생도 덩달아 커져갔다

직장은 구각을 털어 줄기찬 새싹을 키워야 했고
새롭게 태어나서 새로운 세상을 창출해야 했다
새로운 세상을 열자하니 기존의 병해충이 달라붙지만
면역기능 강화하며 여러 방해꾼을 물리쳐야 했다

나의 직장은 나의 사랑 나의 생명임을 깊게 색이며
나의 명운 나의 희망 나의 보람 사랑의 직장에 걸고
그 열매 내 조국 발전에 큰 거름되어
이것이 애국임을 온 세상에 본보기로 남겨 놓았다

겸손케 하옵소서

세상을 아름답게 꾸려가기 위하여
겸손을 만민의 덕목으로 살게 하신 주님

겸손은 신앙의 약수요 보약이며
교만은 신앙의 독수요 오물이란
지혜 주셨음에
겸손으로 기쁨과 행복을 찾아
은혜 받는 기도인이 되게 하여 주시옵소서

겸손으로 무장하면 신앙의 최강자 되고
교만으로 무장하면 신앙의 최약자 되는
진리 앞에 머리 숙이는 신앙인으로
영원한 복음의 실천가로 살게 하옵소서

겸손은 전도의 필수품이요
교만은 전도의 방해물임을 알게 하시고
겸손은 하나님의 마음이요
교만은 사단의 본성임을 깨닫고
그리스도의 몸 된 삶을 살게 하옵소서

겸손은 신앙생활의 강력 접착제요
교만은 신앙생활의 구정물이요
신앙인의 인격은 겸손이 만드는 꽃이요
신앙인의 사치는 겸손을 가리는 걸레쪽임을
알게 하시고
만민이 기쁨을 누리게 하옵소서

교회에서 겸손 빼면 세속적 집단이요
교회에서 겸손하면 천국 됨을 믿게 하시고
겸손이 교만과 싸워 이기면 천국이요
겸손이 교만과 싸워 지면 지옥임을 믿고
영원한 겸손의 실천가가 되게 하옵소서

겸손은 신앙의 핵심이요
교만은 위선자의 핵심임을 믿고
겸손 안에 낙원 있다는 확신을 심고
겸손으로 믿음의 본산을 구축케 하옵소서

스스로 낮추는 자가 하나님과 가장 가까운 자요
가장 겸손한자가 하나님의 뜨거운 사랑 받는 자 되니
겸손 안에서 하나님의 영광 나타나게 하옵시고
찬미와 환희가 넘치게 하여 주시옵소서

산길이 그리워

산길이 그리워
세월이 그리워……

어머니에 매달려
따라다닌
그리운 옛길

세월에 밀리고
밀려 살다가

이제와 찾으니

멀리 멀리 떠나
계실이 없는

그 산길에

어머니의 마음은
그대로 남아

나를 반기네
나를 울리네

평화로운 우리 소

평화를 지키기 위해 태어난 우리의 소
평화를 사랑하는 심성 있기에
언제나 평화로운 모습을 하여
평화를 말뚝에 박아놓고 평생을 산다

평화가 있기에 행동이 평화롭고
돌변사태 발생해도 여유 지키며
태연 비범한 군자모습 일관하겠지

하루 종일 죽도록 일 하면서도
주는 밥 한 그릇에 만족을 하며
피곤을 평화 속에 삭혀버린다

사람의 10배 힘이 있어도 힘 자랑 않고
아무리 급해도 서둘지 않는 묵묵한 모습
천리 길 멀다 해도 한 발짝씩 걸음은 소걸음이라

평생을 욕심 없이 살아가면서
자랑 없고 불평 없는 세월 지키며
평화의 상징으로 일만 하다가
인간의 욕심 맞춰 운명의 날을 기다려 갈 뿐

아이야 평화의 상징 우리 소 불상치 않니?

어미 소의 눈물

평화스런 마을에 송아지 태어났다
어려운 산고 끝에 태어난 송아지

어미의 혀 바닥이 사랑의 손길 되어
닦아주고 씻어주고 핥어 주면서
날마다 시간마다 애무로 키워간다

제 새끼 귀한 마음 심장에 묻어가며
한 발자국 멀리 가랴 애를 달군다.

어미가 먹는 음식 젖줄로 이어져
양육의 깊은 정 사랑으로 살찌운다

어미와 송아지는 한 몸으로 살쪄가더니
어느 날 송아지는 어디론지 팔려 나갔다

얼른거릴 제 새끼가 보이지 않자
어미 소는 애가 닳아 연신 부른다

애달픈 목청은 먼 산까지 울리고
순진한 눈가엔 눈물 고이며
몇 날 며칠, 새끼 찾는 울음소리 목이 터진다

그 시간 송아지는 어디에서 어미 찾아
엄마 그리며 얼마나 울고 있을까

엄머…… 엄메…… 산도 울고 나도 울었다

3부
야생화 사랑

야생화 사랑
철쭉꽃 사랑
나는 잡초가 아니올시다
매화의 눈물
노송(老松)
조화(造花)도 꽃이런가
초록 잎에 감사
신록(新綠)의 오월(五月)
사랑하는 벚꽃아
잔디와 크로바
아쉬운 사랑의 벚꽃

♠
나는 잡초가 아니올시다
이름 붙일 재주와 실력 없는
식물학자들의
명명(命名) 능력 부재 때문입니다
식물 분류학자들의
무능의 소산일 뿐입니다
 - '나는 잡초가 아니올시다' 중에서

야생화 사랑

겨우내 땅 밑을 지켜 살다가
다사한 봄기운에 새 힘을 얻어
굳어진 땅 살며시 비집고
수집은 얼굴을 내밀어
하늘을 향해 미소 짓는다

내려 쬐는 하늘의 빛을 받아
초록빛 옷으로 단장을 하고
사랑 받는 세월의 일원이 되고파
아름다운 몸매를 가꾸어 간다

양지바른 산길에 자리 지키며
화려한 왕관을 머리에 쓰고
오가는 이들의 애무를 기다리는
향기를 뿜는다

아이야 예쁘다 꺾지 말고
내 생명 다 하도록
따뜻한 맘 예쁘게 손짓하며
사랑해다오

철쭉꽃 사랑

너 기다리던 마음에

기쁨 주기 위하여
겨우내 추위 속에 숨어 있다가
화사한 봄날에 그 예쁜 모습하여
나를 반겨 주누나

언제나 이때 되면
그 귀한 모습하여
내 즐겨 찾는 산길에
너의 향기 뿜어내면서
만인의 사랑 심성 안겨 주려마

너 있기에 산길은 더 정이 들었고
너 있기에 봄은 더 화사하였다

사랑하는 철쭉아 계절의 화평 안고
내년에도 그 산길의 여왕이 되어
예쁜 모습 찬란하게 거기 지켜라

나는 잡초가 아니올시다

나는 잡초가 아니올시다
이름 붙일 재주와 실력 없는
식물학자들의
명명(命名) 능력 부재 때문입니다
식물 분류학자들의
무능의 소산일 뿐입니다

태초에
하늘의 뜻으로
우리도 당당히
이 땅에 뿌리내려
자리 잡아
본분을 지켜가며

가을, 겨울, 봄, 여름
시절이
나누어주는 대로
말없이 불평 없이
순종을 지켜 온
생명초입니다

자연미와 고운 색조에
어울리게
평화로이 깨끗한
산소를 뿜어내며
자연의 협력자로서

끈질기게 살아온
자연의 동역자요
파수꾼역의 무명초일 뿐입니다

세월 따라
예쁜 모습으로
꽃도 피우고
향기를 뿜으며
화려한 조화를 섬기면서

자연사랑, 예술사랑, 시문학사랑
문인들의
침묵의 조용한 벗이 되어
이름 없이 살아 온
순종의 야생초입니다

대지의 보호막으로
또는
중금속의 해독을 위하여도
지력증진의 보양역으로
토사의 유실방지에도

생명을 걸어 온
끈질긴 뿌리가 되어
명예 권욕 자랑도 없이
인류의 건강 문명

정서심리 함양의 조용한
조력자로서

살아오고
또 살아갈
무명의 생명초입니다

우리는
쓸모없는
잡초가 아니올시다

순종의 혈통을 지키며
자연생명의 협력자로서
무명의 야생초 일뿐입니다

사랑해 주세요
예쁜 이름 붙여 주세요
모든 분들의
사랑의 손길이
아쉽고 그립기만 합니다

매화의 눈물

매화 너는 4군자 중에서도 으뜸이 되고
격조 높고 품위 뛰어나다는 명성이 있어
먼 남쪽에서 순을 얻어다
접 붙여 화분에 곱게 키워
애지중지 내 사랑 안의 한 식구 삼아 왔지

먼 여행길을 떠나면서 이웃 할메에게
부재중 관수를 부탁하고 돌아와 보니
매화 잎은 생기 읽고 시들어 매달려 있다

얼마나 사랑이 그리웠기에 저리 됐을까
얼마나 낯선 손길이 어설펐기에 눈물 흘렸나
죽은 잎에 눈물 떨기며 사연 물으니
살충제의 세례를 받았다는 것

매화에 진딧물이 생겨 약을 뿌렸다는데
약국에서 일부러 사 온 모기약을 뿌렸다며
좋은 일 했다는 할메의 자랑스런 표정
매화에 모기약이 독약인줄 몰랐던 노파의 선심
갓난아기 젖통에 모기약을 섞어 놓은 꼴
매사에 서툴면 모두 이런 지경 되는 법
매화의 눈물은 할메에 좋은 경험 심어 놓았어

모기약에 생기 잃은 어린 매화는
겨우내 마취 속에 눈을 감고는
이듬해 봄이 돼도 눈 뜰 줄 몰라

남들은 파란 잎에 미소 담고 춤을 추는데
이 녀석은 봄이 다 지나도록 꼼짝도 안 해

그래도 한 가닥 희망을 걸고
사랑과 정성으로 눈뜨기를 기다리던 참
5월 달 중순에야 눈 끝이 파랗게 비쳐 나왔어

매화야 이제는 할메 같은 서툰 짓은 안 할 터이니
내년 봄엔 그 귀아(귀엽고 아름다운)한 꽃을 보여나 주렴

노송(老松)

至極히 높은 하늘의 뜻을 담아
平生 그 한자리 지키며
常綠의 孤高한 氣品을 지켜 왔지라요

歲月이 바뀌고 人心은 變했어도
默默한 老心은 그대로
깊은 年輪 속에서 구수한 歷史의
香臭를 보여 주누나

소나무는 우리나라의 象徵이라 했으니
우리 祖上들이 살아온 心性과 氣像이
닮았다는 뜻이런다

앞으로도 몇 百年 그 자리 지키면서
오늘의 人心흉보지 말고
먼 훗날까지
그 모습에 뽀얀 德風을 담아
그대로, 그대로 그려 주시라

조화(造花)도 꽃이련가

"조화도 꽃이다" 하는 구호가 요란하게 세상 울린다
구호는 못난 모습을 휘장 하는 상징 품이며
진실이 없을수록 요란한 구호만 난무를 한다

우리는 세상에서 구호가 가장 많은 나라의 하나
구호를 양식 삼는 겉치레 일꾼들의 독무대 인 저
구호만 걸어 부치면 일은 다 한 것으로 착각하는
돌팔이들의 안식처로 체질화 된 나라

조화도 꽃이라 우겨대는 입 냄새에 찌들은 체질
화려한 구호에 속아 사는 선량한 눈망울이 가엽다

조화에 물을 주는 격의 겉치레를 몰아내는
희망의 세상을 받들어 가는 날은 언제가 될까

초록 잎에 감사

겨우내 진을 치고 있던 얼음장 날씨가
훈훈한 남풍에 밀려가고는
온 산야가 온통 초록빛으로 변해져 간다

초록엽은 인간의 생명소 되기 위해
인간의 초대 없이 스스로 찾아오는 귀한 손님

아무도 초록엽 오기를 기도하는 사람 없지만
때만 되면 변함없이 기쁜 모습으로 찾아준다

그 초록엽 없는 세상은 이미 죽음의 황무지 되니
그 빈객에 무한의 감사를 드려야 할 일

낮거나 높거나 흙이 있는 곳엔 어느 곳이든
초록의 터전 이루어
강변의 모래알 보다 많은 녹엽 천지 이룬다

왜 그리 한결같은 초록의 단색으로 물들여 있을까
햇빛을 가장 잘 흡수 동화한다는 생리 때문에
온 갖 색상 다 버리고 오직 초록빛 단색으로 단심 이룬다

인간 위해 태어난 그 녹색 잎
엽록소의 구조식은 사람의 혈색소와 동일하기에
그 녹색이 만들어낸 산소와 열매는

우리 피의 성분으로 공급이 되어

인명 생존의 요소 이룬다

엽록소는 인간 위해 내려준 하늘의 위대한 선물
그 초록 잎에 무한의 감사를 모아 드리세

신록(新綠)의 오월(五月)

파란 薰風이 속삭이는 新綠의 五月
손꼽아 기다렸던 싱그러운 季節이
新綠의 사랑 속에 山川草木 微笑짓는
讚美의 山野 榮光으로 물들여가네

新綠 五月엔 聖靈의 바람 뜨겁게 일어
貧富의 差別 없는 恩惠의 품에 사랑을 싣고
季節의 按撫로 心糧을 가득히 채워
사랑의 新綠으로 萬心을 적셔가네

季節의 사랑 속에 慶祝의 나날 달아놓고
어린이날, 어버이날, 家庭의 달, 스승의 날들
모두가 사랑으로 醇化된 最上의 날 엮어 놓고
아름다운 五月의 心性 一年 내내 간직 해 가세

사랑하는 벚꽃아

화사한 계절의 여왕이 되고 저
겨울 찬바람 시절을 잘도 참아 왔구나
너 찾아왔기에 봄은 더 화창하였다

비단결 하얀 심성과 모습하여
만인의 사랑 받을 자리 지키며
다사한 온정을 미모 속에 그려

복잡한 세상사 품안에 끌어안고
희망과 사랑과 기쁨을 행운 속에 담아
화려한 계절의 주빈 되어 성찬을 베푸네

찬란한 봄을 위해 미소 짓고 찾아 온 너
뿌리내린 곳곳마다 서있던 자리마다
들새도 철새도 우정을 노래하며 찾아오겠지

내 사랑하는 벚꽃아
너 있기에 봄과 강산은 화려했으니
이 봄을 아끼지 말고 마음 것 대접받으며
두고두고 세월 속에 그 모습 담고 가거라

잔디와 크로버

양지바른 대지 위에 봄볕이 완연하며
청신한 융단 실밥 파랗게 뽑아 올려
푸른 잔디 하늘 향해 봄의 향연 펼쳐 놓고

만민의 찬미 속에 사랑을 심어놓고
예쁜 사람 고운 마음 한자리에 불러모아
봄의 향기 부풀리며 봄 잔치 기뻐 차리네

봄의 친구 크로버도 계절의 동참자로
예쁜 잎새 자랑하며 한자리 피어 놓고
사랑스런 토끼풀 이름을 달아들고
잔디밭 이웃하며 한자리 끼어드네

어여쁜 크로버도 자연계의 일원으로
만인의 사랑 받고 높은 대접 시샘하며
잔디 새에 파고들어 생활거점 차려놓고
베트콩 전술 펴서 잔디 마을 침략을 하네

끈질긴 크로버 침투작전 주효하여
내한성 기질대로 이른 봄 무대 펼쳐
넓은 잎새 피어놓고 주인행세 먼저 하네

메마르고 척박한 땅 마다 않는 크로버
근류균 도움 받아 영양공급 혜택 받고

태양 빛 독식하며 잎새 그늘 지어놓고

뽑아내도 솎아내도 번식 능력 강세 삼아
크로버 천국 이뤄 잔디밭 삼켜 치우네

억센 듯 나약한 몸 푸른 심성 양탄자 되어
잔디마을 지켜가려 정성을 다 하지만
크로버 등살에 생활 터전 빼앗긴 서러움에 우네

고운 심성 잔디 마을 지켜 가려면
액체비료 세례하여 근류균을 포식시켜
과식하여 쓰러져 소멸되는 지혜 살려서
푸른 잔디 파란 마음 가꾸어 가세

아쉬운 사랑의 벚꽃

봄의 문턱에서
화려한 모습으로 등단하더니
환상의 몇 날 사이에
봄의 중심에서 성찬 이룬다

봄의 중심에서
만인의 봄을 들뜨게 하며
상춘의 손님을 끌어안더니
어느새 꽃잎 날리며 봄을 떠난다

봄을 운치 있게 꾸려 놓고는
곳곳마다 비단결 상찬의 물결 이루어
꽃구름 사랑심성 듬뿍 남긴 채
아쉬운 봄날을 몰고 가누나

네가 있으니 봄은 화려했고
봄 속에 섰으니 그 모습은 아름다웠다
환상의 봄 무대 명산 이루고
어느새 새파란 신록에 양보를 한다

아름다운 꽃이여
네 생명 왜 그리 짧게 남기나
아쉬운 때 떠나는 게 그의 진 모습
일 년 후 기약할 사랑을 위해 오늘을 간다

4부
젊은 사명의 길

젊은 사명의 길
일등 의식
일은 인생의 꽃
일의 진미
긍정과 부정
염색머리 인성
남녀평등의 원리
잡종 강세론(雜種 强勢論)
그 소녀 있기에
자랑스런 ㅇㅇ인
무능자는 무능을 모른다
완숙된 인생
땡감과 홍시

♠
그 소녀 있기에
천지만물이 더 아름다워 보였다

그 소녀 있기에
아름다운 심성이 자리하였고
아름다운 詩心을 꽃피워냈다
　　　　－ '그 소녀 있기에' 중에서

젊은 사명의 길

하늘은 이 나라의 영광의 날을
창조하기 위해
젊은 우리를 이 땅에 보내셨고
그 사명을 다 하는 날까지
젊음을 불태우기 위해
이 귀한 일터를 마련해 주셨다

먼 훗날

찬란한 역사 속에서
보람찬 우리의 발자취를
찬미하는 노래가 울려 퍼지도록

정성을 다 해

아쉬움 없는 줄 다름으로
오늘도 뛰고
내일도 또 힘차게 뛰어가자

일등 의식

우리는 태생적으로 일등의식을 지니고 태어났다
3억대 일의 치열한 경쟁 속의 승리자였기에

대통령 경선에서도 일등 아니면 헛일이 되고
국회의원 선거에서도 일등 아니면 패가망신한다

각종 경기에서도 일등을 해야 감격과 감동이 있고
학교 교육에서도 일등을 하면 극찬을 받으며
각종 시험에서도 일등을 하면 큰 대접을 받고
대학에서도 일등교수가 으뜸의 존경을 받는다

국제 경쟁에서도 일등을 해야 살아남을 수 있고
일등상품을 만들어 내야 일등기업으로 성장을 하며
기관도 일등이 되려면 구성원 모두가 일등이 돼야 한다

일등이 아니라도 세상을 살아갈 수는 있어도
일등 아니면 남의 들러리 신세밖에 되지 않으며
일등 되려면 피나는 노력과 창의력이 필수적이다

일등을 하려면 남보다 먼저 생각을 해야 하고
일등을 하려면 남보다 먼저 출발을 해야 한다

일생을 일등의식 속에 살아야 역사적 인물이 되고
일등 하는 사람만이 역사 창조의 주역이 된다
우리는 세계 속의 일등국가 되기를 원한다
일등국가 되려면 모두가 일등국민 되어야 한다

일은 인생의 꽃

일의 멋과 맛은 일에 미칠 때 꽃피워
인생의 생명소로 낙원 만드니
일을 찾고 일을 만들어 심장에 담고
앉거나 서거나 잠든 꿈속에서도
인생의 전부를 일속에 명운 걸고 기쁨 찾는다

휴가보다도 어느 휴일보다도
일보다 더 좋은 안식처 없으니
일 속에서 휴가 찾고 휴식을 찾는다

금강산도 식후경이라지만
일 없는 인생에는 건달경일뿐
일에 묻혀 새 희망 새 기쁨 새 보람 찾아

일의 진미 알면 일은 최상의 연인이 되어
내 곁에서 진주알 달아주는 동반자로서
피곤도 절망도 허망도 묻어 버린다

새 역사의 창조도 인생의 건강도
일속에 잠겨있으니 열심히 발굴하여
새 역사의 주역으로 꽃을 피운다

일의 진미

일은 나의 생명소
일 없이는 세상사는 진미가 없다

일 속에 묻히니 시간도 날도 달도
어느새 해도 저 만치 지나버린다

밥 먹다가도 오직 일 생각
잠 잘 때도 일 생각다 잠들고
걸을 때도 차 안에서도 일은 나의 활력소

휴가보다도 어느 휴일보다도
일보다 더 좋은 안식처 없으니
일은 인생의 연인을 얻는 기쁨과 희망

금강산도 식후경이라지만
일 없는 나에게는 건달경일뿐

일 속에 묻혀 살면
불안도 절망도 슬픔도 허망도 나태도
새 희망 새 기쁨 새 보람으로 변해 버린다

일의 참맛을 알고 보면
진주알보다도 어느 보석보다도
세상사는 최고의 진미 얻는다

피곤도 절망도 불안도 허망도

사랑하는 일 앞에서는 쓸모없는 투정

일에 미쳐보면
진흙 속에서 황금을 캐고
고목에서 새순 키운 보람에 살아

새 역사의 창조도 국가의 발전도
인생의 참맛도 일 속에서 샘 솟는다

인생의 건강도 기쁨도 희망도 행복도
일 속에 묻혀 있으니 일을 캐내
내 것만 달자

긍정과 부정

긍정은 백년지기의 친구 만드나
부정은 껄끄러운 나그네 만든다

긍정은 화평의 열매를 맺고
부정은 분란의 상처를 만든다

긍정은 Peace Maker가 되나
부정은 Trouble Marker가 된다

긍정은 군자의 교재가 되고
부정은 소인배의 교재가 된다

긍정은 우정을 꽃피우나
부정은 우정을 시들게 한다

긍정은 화평의 신용장이나
부정은 악덕의 고지서이다

긍정은 참여가 기다려지나
부정은 떠나가기를 기다려진다

긍정은 우군이요
부정은 적군이 된다

긍정은 즐거운 친구가 되나
부정은 배반의 친구가 된다

긍정은 장수의 교양곡이나
부정은 단명의 행진곡이다

긍정은 칭찬의 심벌이요
부정은 심술의 심벌이다

긍정에는 대화로 꽃을 피우나
부정에는 얼룩진 싸움뿐이다

긍정은 사랑을 낳고
부정은 증오를 낳는다

긍정은 결집의 금사슬이나
부정은 부패한 동아줄이다

긍정은 덕인의 심성이나
부정은 부덕의 심성이다

긍정은 의인의 심성이나
부정은 사탄의 심성이다

긍정은 존경을 낳고
부정은 미움을 낳는다

긍정은 지혜를 낳고
부정은 심술을 낳는다

긍정은 승리자의 심리요
부정은 패자의 심리이다

긍정은 겸손의 마음이요
부정은 교만의 마음씨이다

긍정은 청수심리요
부정은 탁수 심성이다

긍정은 지고의 처세술이나
부정은 지하의 처세술이다

긍정은 전진의 에너지이나
부정은 퇴보의 연막이 된다

긍정은 알곡을 만들고
부정은 쭉정이를 만든다

긍정은 세상을 구하나
부정은 세상을 멸하게 한다

긍정은 미덕의 연출자요
부정은 악덕의 조연자이다

긍정은 행복과 희망을 낳고
부정은 불행과 좌절을 낳는다

염색머리 인성

염색머리 실체는 보기 좋고 예뻐 보이나
염색머리 심성은 속임수이고 위장술이다

정치판 사업판 장사판 어디를 가나
염색머리 인성자가 홍수 이룬다

미사여구 화려한 의상으로 겉치레한들
본질에 변화 없는 본바탕은 그 바탕이라
언젠가는 본색이 드러나는 염색머리 심성

아무리 변화를 보이려 애를 써 보나
본질에 변화 없는 염색은 위장술 일뿐

염색머리 인성에 속아 살다가
낭패 보는 후해가 없어야 할 것

속 빈 심성일수록 염색심리 솜씨가 뛰어난 법
염색머리 인성에 속지를 말고
지혜롭고 순수한 세상 이루어
살기 좋고 활기찬 나라 만들자

남녀평등의 원리

남녀평등권은 하늘이 내려준 기본권이다

남녀의 어깨 높이를 같게 하라는 것이 평등이 아니다
남녀의 완력과 골격을 같게 하라는 것도 아니다
사고력과 심성의 깊이와 넓이도 같게 하라는 것도 아니다

여자는 여자로서 남자는 남자로서 주어진 본문을 지켜 가는 것
여자가 할 일은 여자가 하고 남자가 할 일은 남자가 하는 원리

여자는 힘이 약하고 남자는 힘이 강하게 태어 나 불평등 같지만
대신에 여자는 남자에 부족한 보드라운 심성과 미소가 풍성하다

남자의 무기는 힘이요 여자의 무기는 넘치는 애교와 보드라움이다
남자의 무기는 여자의 무기 앞에서 맥을 못 추고 녹아 버린다

그래서 남자는 세계를 움직이나 여자는 남자를 움직인다고 했다
거친 남자의 힘보다 가냘픈 여자의 힘이 강하다는 진리가 움텄다

여자에서 여성심리가 퇴색이 되면 여성미가 소멸이 되고
남자의 어깨가 처지면 남자의 구실을 잃어버린다

힘은 남자의 상징이요 애교와 보드라운 심성은 여자의 상징 이런 원리로 서로의 인격을 존중할 때 평등권엔 사랑이 꽃 핀다

하늘은 이런 원리로 남녀의 평등권을 내려 주셨다

잡종 강세론(雜種 强勢論)

품종이 서로 다른 것 끼리 교잡을 해야
우수한 후대가 나온다는 식물학계의 유전학적 이론이다
그 대표적인 작물이 우리가 즐기는 옥수수이며
옥수수는 타화수정(他花受精) 원칙의 작물이다

순종끼리 교접을 하면 열악한 후대가 생산된다는 자연계의 섭리다
그래서 인간들도 모두 잡종끼리 혼인을 하는 제도를 마련해 놨다
오랜 세월 속에서 얻어낸 지혜의 산물이다

이 이치를 모르고 순종만을 고집해 온 이웃 모 국의 황실
그 후대의 현존 인물들의 열악한 풍채와 용모를 본다
이들도 조속히 잡종강세론을 도입해서 훌륭한 인물을 보여야 할 것……

세계 제일의 미국의 하버드대학은 잡종강세론을 철저히 믿고 실천을 한다
즉, 자기 대학 졸업생을 교수로 안 쓰고
타 대학 졸업생을 주로 영입을 하고 있다
자화수정(自花受精)의 폐단이 크기 때문이란다

우리의 서울대, 연세대, 고려대 등은 자기 대학 출신만을 선호를 한다
철저한 자가수정론자요 반 잡종강세론 대학들이다
그래서 우리 대학들은 세계에서 가장 꼴지 수준에 머물고

있는 것이다

지금, 우리 정부 내에서 코드정치를 한다고 자랑이다
코드정치란 끼리끼리 자기들만의 팀을 이루는 것 아닌가
코드의 순종 정치의 폐단이 얼마나 큰 것인지 모르는 바보
들이다
즉, 여기서도 철저한 반 잡종 강세론 자들이 판을 치고 있다
나라야 잘 되건 안 되건 상관이 없고 끼리끼리만 좋은면 된
다는 식

잡종강세론은 자연계가 인간들에게 내려 준 위대한 지혜임
을 알아야 한다

그 소녀 있기에

하늘은 세상을 아름답게 꾸려 놓기 위하여
하늘에는 별들을
땅에는 꽃밭을
인간사회에는 여성을
창조하셨단다

그 중에서 더 아름다운 것은
다소곳이 미소 짓는 예쁜 소녀의 모습

그 소녀 있기에
꽃밭은 더 아름다워 보였고

그 소녀 있기에
천지만물이 더 아름다워 보였다

그 소녀 있기에
아름다운 심성이 자리하였고
아름다운 詩心을 꽃피워냈다

그 소녀 있기에
기쁨 속에 희망이 넘쳐흘렀고

그 소녀 있기에
행복 속에 용기가 샘솟았다

그 소녀 있기에

보람찬 내일의 꿈이 커지고
경건하고 진실한 기도가 울려 나왔다

소녀야!
어진 마음, 예쁜 모습, 그 고운 심성
내 안에서 길이 떠나지 말고 자리해 다오

자랑스런 지식인

하늘은 뜻이 있어 이 고귀한 땅에
내 고장 지식인을 마련해 주셨고
그 ░░을 자랑스럽게 가꾸기 위해
우리를 이곳에 살게 하셨다

우리에겐 ░░을 사랑하고 발전시킬
자격과 지혜를 심어 주셨고
자자손손 복되고 소중한 지시인 지키며
축복과 기쁨 안고 살게 하셨다

같은 하늘아래 살고 있는 우리 모두는
같은 공기 같은 샘물 나눠 마시며
찰떡 인연 맺어 가는 한 가족 되어
서로 서로 아끼고 사랑하는 지식인 된다

우리는 자랑스런 시민이 되어
으뜸 지식인을 가꾸기 위해
맡은 일터 맡은 직분 책임 다 하여
만민의 선망 받는 명인이 된다

으뜸 지식인에 나태나 무책임 없고
활력과 희망 넘치는 생명의 공동체로
친절과 겸손과 양보가 넘쳐흐르는
하늘아래 제일가는 지식인 이루자

이웃을 사랑하고 인격적 대접을 하고

사랑 베풀면 그 사랑 되돌아오는 진리에
경건히 머리 숙이는 문화인 되어
내가 대접을 받고 저 하는 대로
남을 먼저 대접하는
인정과 감동이 넘치게 하여가자

우리는 모두모두 한마음 한뜻 되어
서로 서로 손을 잡고
살기 좋은 지식인을 가꿔나갈
명예롭고 자랑스런 지식인이 되어가자

무능자는 무능을 모른다

원래 무능한자는 자기의 무능을 모른다
무능자는 스스로 최선을 다 하면 유능인줄 착각한다

무능자에게 무능을 책하면 칼날에 화를 담아 든다

무능자는 무능이상의 처신을 할줄 모르고
무능자에게 유식을 설명하면 너나 잘 해 보란다

무능자에게 세상을 맡기면 모두가 무능 해 지고
무능자가 세상을 지배하면 파탄이 온다는 걸 모른다

무능자는 세상을 뒤 흔드는 힘이 강하나
나라야 되건 말건 저 잘난 맛만 있으면 족하고
세상이 엉망이 되어도 나 몰라라 콧대만 세운다

무능자는 자기변명의 명수가 되고
자기 보호의 천재가 되며
무능자의 자기편은 무능과 무식층일뿐

무능자는 훌륭한 역사인신엔 외면을 하고
미래와 비전 없는 세상에 만족을 느끼며
모든 국민이 제 수준으로 맞춰지기를 희망하면서
덕성의 자질과 품성이 없고 질투와 갈등과 분열
반목과 불화, 복수와 보복의 분위기 조성을 한다

무능자는 자기에게 박수치는 자만을 골라 편 가르고

상대편은 적으로 등을 돌리며
무능 정치에 힘을 실어 지혜와 덕성의 미덕에 재를 뿌린다

완숙된 인생

완숙된 인생이란 무수한 경험의 축적으로 얻어진 명예
높은 산정에 오른 쾌감은 한 발짝 한 발짝의 등정(登頂)이 축적이듯
수 없는 과거가 쌓이고 쌓여 이뤄진 연장선상에서 성찰할 때 인생의 참 맛을 알게 되는 것

타인의 경험담, 자기 것으로 흉내 만 내면 인생의 미숙아, 이단자 되어버리나
자기의 작은 경험은 백만 타인의 경험보다도 소중하고 값진 본인의 자산이 된다

수많은 날을 거쳐 쌓아온 지식은 미래를 위한 고행 보따리, 그것을 풀어 활용할 때
고행의 무거운 짐은 벗겨지는 법
경험 없이 인생을 논하게 되면 화질(話質)의 기둥은 동서 남북에 흔들리는 속 빈 강정이 된다

옛날 어른들의 말씀은 울타리 걸어놓은 지혜의 진주 보따리
참 인생을 배우려는 지혜 있는 젊은이는 그 보따리 풀어 가슴에 담는다

완숙된 인생에선 언제나 아름다운 음향과 높은 기품이 흘러나온다

완숙된 인생에선 높은 인격이 있고 원숙한 인간미와 철학

적 미소가 흐른다

땡감과 홍시

높고 높은 가지 끝에 매달려 있다 해서
저도 홍시감이 되었다고 자랑을 마라
땡감은 아무리 난체해도 땡감일 뿐……,

하늘과 땅이 보태주는 자양분을 마셔가면서
호된 비바람, 서릿발에도 견뎌 낸 체험 없이는
떫고 풋내 나는 땡감이 미숙을 벗지 못한다

비단결 뽀얀 양쟁반에 올려질 홍시 되려면
세월이란 풍성한 교훈아래서 겸손을 배워
성숙을 기다리는 인고와 경륜이 있어야 한다

5부
자연과의 대화

비단결 홍엽 단풍
가을의 정취(情趣)속에서
낙엽(落葉)은 굴러가도 / 들국화
담배꽁초와 산불
얼음장 밑의 계곡수(溪谷水)
가을의 정취 / 침묵의 적설경(積雪景)에
낙조(落照)의 여심(旅心) / 귀뚜라미
시(詩)의 소심(素心) / 야생 동물의 낙원
무식한 개구리 소리
비경(秘境)의 계류(溪流) 앞에서
갈매기 / 하루살이
어느 계류(溪流) 앞에 / 초승달
명산(名山)의 홍엽 단풍(紅葉 丹楓)
흙과 땅 / 봄 나비
신토불이(身土不二) / 소나비
새 봄은 왔지만 / 달님

♠
낙엽은 굴러가도 새날의 희망은
나무 가지에 달려 숨을 쉬겠지

낙엽은 굴러가도 뿌리는 살아
다가 올 새봄을 준비하겠지

낙엽은 굴러가도 詩心은 살아
첫눈을 예찬하며 노래하겠지
  - '낙엽(落葉)은 굴러가도' 중에서

비단결 홍엽 단풍(紅葉 丹楓)

높푸른 하늘아래 가을이 좋아
그 자리 곱게 곱게 물들여 서 있어요

가을 햇살이 좋아
만추의 향기 날리며
계절을 지켜 그 자리 서 있다요

반가운 산객들의 詩情을 담고
山景을 좋아하는 이들의 友情을 담아주기 위해
純心의 모습으로 손짓하며 기다려 있어요

오늘의 상찬을 받기 위해
기나긴 여름철을 인고하며
예쁜 모습하여 그 자리 기다렸어요

늦가을 서릿바람 가까이 다가서니
화사한 짧은 세월 접어
아름다운 계절 그 자리에 남겨 놓고
멀리 멀리 일년을 가다려 떠나 간다요

가을의 정취(情趣) 속에서

잎새마다 가을의 香趣로 듬뿍 적시고
산마다 紅葉 丹楓으로 물들였으나
고추잠자리 조용히 날개 펴던 예쁜 情景과
초가지붕 붉게 덮던 고추자리는
세월에 밀려 추억 속의 情趣로 새겨있을 뿐
비단결 흰 구름만 저 하늘 그 자리에 그리고 가네

계절의 순리 따라 제자리 하여
가을의 향연을 듬뿍 펼치고
타고난 심성대로 가을을 멋지게 꾸려놓고는
다가올 계절에 미련 없이 자리를 양보하는
德性 보이네

아이야 우리도 양보하는 미덕 배우고
내가 대접받고 져 하는 대로
남을 먼저 대접하라시는 미덕과 겸손을 익혀
이 아름다운 계절과 자연 앞에 머리를 숙여
素朴한 詩心으로 順心의 세상을 살아갑시다

낙엽(落葉)은 굴러가도

낙엽은 굴러가도 나무는 살아있다

낙엽은 굴러가도 새날의 희망은
나무 가지에 달려 숨을 쉬겠지

낙엽은 굴러가도 뿌리는 살아
다가 올 새봄을 준비하겠지

낙엽은 굴러가도 詩心은 살아
첫눈을 예찬하며 노래하겠지

낙엽이 굴러가면 한해의 哀傷도
한데 묶어 굴러가겠지

낙엽이 굴러가면 雪寒朔風 속에서
新春의 詩作品도 잉태하겠지

낙엽이 굴러가면 어디론가 한데 모여
대지의 이불 되고 새 생명 養分되겠지

낙엽은 굴러가도 은혜와 사랑은 영원하겠지

들국화

가을이 좋아 들국화 되어 그 자리 지켜 서 있지
가을 햇살이 좋아 예쁜 모습하여 그 자리 찬미하련다

예쁘고 아름다운 심성있기에
예쁘고 아름다운 모습되었고
예쁘고 아름다운 모습하였기
착하고 아름다운 심성되었지

착하고 아름다운 모습하였기
귀한자리 서게 될 자격을 얻어
우아할 기품 좋아하는 손길 위해
청아한 모습하여 순심을 손짓한다

맑고 푸른 하늘의 명심을 내 맘에 담아
아름다운 화관 쓰고 하늘을 우러러 기도드린다

작년에도 그 자리 내년에도 그 자리
대대로 물려받은 청심을 미소 속에 담아 서 있다

가을 햇살이 보내는 메시지를 몸에 안고서
갖가지 아름다운 색상으로 응답을 한다

복잡하고 험악한 세월이지만
밝은 미소 지으면서 사랑과 평온으로 나를 반긴다

내 몸에서 우아미 발산하니

세상이 저절로 사랑의 손길 되어 애무를 한다

수려한 세상을 밝히면서도 시혜 바라지 않고
최상의 향기 뿜는 진선미의 상속자 되련다

들국화야 만인의 사랑 받는 순심을 살아
고요한 들판의 사랑과 희락의 전도자 되렴

담배꽁초와 산불

산불은 피우다버린 담배꽁초가 원인이란다
누구나 그렇게 믿고 방송 신문도 한 목소리다

그러나 담배꽁초로 산불 낼 수 있다면 노벨상 감
불은 불꽃이 있어야 발생하는 법
담배꽁초에는 불씨만 있지 불꽃은 없다

담배에 불꽃이 있다면 흡연자의 수염도 산불이 난다
담배 피워 수염 태운 할아버지 하나도 없다

불꽃이 되려면 섭씨 천도가 넘어야 한다
흡연 때의 최고 온도는 섭씨 850도
입에서 떨어진 꽁초의 온도는 600도 이하
그래서 꽁초에는 불꽃이 없다

불꽃 없는 꽁초가 산불의 원흉?
신문마다 방송마다 엉터리 추측

산불의 원인은 실화 아니면 방화에 있다
실화범 방화범 못 잡고는 꽁초에 덮어씌운다
막강한 국가권력 매스컴의 거센 위력이
하찮은 꽁초에 매달려 거드름 피운다

산불을 잡으려면 실화범, 방화범을 잡아야 한다
산불을 꽁초에 핑계 댄다면 산불의 방조자 된다

핑계와 거짓말로 산을 태우면
담배꽁초만도 못한 공직자가 되어 버린다

얼음장 밑의 계곡수(溪谷水)

峽谷의 氷壁 타고 숨어 내린 溪谷水
매서운 雪寒風이 싫어 얼음 밑을 기어 흘러요
얼음 밑이 어둡고 답답하지만
사나운 冷凍보다 아늑한 淸流길이 더 좋아서요

계곡수의 멜로디 얼음 밑에 남기고 가면
저만치 강변에는 봄처녀 기다려 오겠지요

매서운 얼음 짱 추위 봄바람에 밀려가거든
아름다운 계곡 다시 찾아 생명수 되어
맑은 심성 고운 노래 계곡 울리며
다시 찾는 그 자리의 정든 친구 되려네요

가을의 정취

곡식이 익어 가는 향기가 들녘에 넘치고
푸른 하늘과 들판사이를 스쳐 온 바람이
살갗에 향기롭다

수정같이 맑은 가을의 정취는
자연의 무대 위에 연출을 시작했고
가을은 또 다시 자연 속에 시를 쓰련다

가을의 첫머리에 연분홍 싸리 꽃을 피우더니
오솔길 들국화 머리 위에 뽀뽀하고는
가을의 귀빈 대륜국의 품안에
아름다운 석영빛 가을을 그리고 있다

추석도 머지않은 노변엔
상냥스러이 미소 짓는 코스모스를 단장시키고
대자연의 순수한 향연의 교실을 꾸며 가고 있다

침묵의 적설경(積雪景)에

엄청난 구름떼를 몰아
이곳 긴 여행길에 지쳤던지
우리의 어두운 밤하늘에 머물러
밤새워
발목까지 잠기는 조용한 설경으로
천지를 덮어 씌웠다

지상의 오물도 교만도 불평도 욕심도
몽땅 눌러 잠재웠고

겨우내 목말라 애태우며
하늘을 원망했던
시름의 절망감도
단숨에 설경 속에 묻어버렸다

그 무언의 위대한 힘은
평온과 공평과 정적(靜寂)과
우아한 교훈을 남기고
조용히 자취를 감추고
떠나 버렸다

추한 생각과 행동, 싸나운 심성도
아니꼬운 정복론도
조용한 힘 앞에
초라한 형상으로 투영되었다

비단결 침묵의 설경 앞에
온갖 못난 생각 버리고 자성하며
그 값진 생명수에 부복하여
감사하며 기도드린다

낙조(落照)의 여심(旅心)

종일토록 세상일에 몸을 던지다
풍요한 은혜와 사랑을 담아놓고는
화려한 지평선 저 쪽 노을 속으로
몸을 숨긴 아름다운 햇님의 그림자여!

낙조의 하늘을 곱게 곱게 물 들여
산야도 강물도 노을의 친구 삼아
희망찬 일출의 꿈을 꾸면서
하루 저녁 조용한 휴식을 잔다

향수와 동경을 하늘에 그려
자연미의 메시지를 곱게 그리며
채색(彩色) 신비의 낙조(落照)
고요한 별하늘의 여심(旅心)에 묻네

귀뚜라미

정적(靜寂)이
찬 이슬에
내려앉는 밤

님 그리는
애상(哀傷)의 살갗에
달빛은 찬데

쓸쓸히 적막(寂寞)을 지키며

외로움을 달래 우는

너……

행여!
님 오실
찬미의 소식을 함께 실어
여기
기쁨을 염원하는
기도되게 하소서

시(詩)의 소심(素心)

하늘에도 땅에도 詩의 素心은 무한하여
널리널리 손짓하며
감동의 시인들을 초대한다

찐한 감동, 엷은 감동, 무감동을 뒤섞어
세월의 길목에 자리하면서
예쁜 마음, 고운 마음을 가려 詩想을 심어준다

형형색색의 소심들을 시심의 鎔鑛爐에 집어넣고
純白度의 詩語만을 가려내어
몇 날 며칠, 이리 엮고 저리 다듬는 고심 끝에
빛을 내 고향을 내어
비단결 하얀 시심을 선보인다

시는 평가받기 위해 태어난 글
감동의 산물일까, 낱말의 나열일까, 격식의 맞춤일까

내 글에 내가 먼저 감동 받는 작품이라야
만인의 감동의 대접을 받게 되는 시심 어찌하랴

야생 동물의 낙원

야생 동물의 낙원은 인적이 없는 깊은 산속
사람과의 교재가 싫어 산속에서 낙원을 산다
그들의 심성은 오직 자연과의 대화와 애무 뿐

그들은 문명의 혜택이 싫어 험준한 산속에 살아
사람들의 사랑받기 위해 멀리 멀리 산속에 사는데
사람들은 사랑한다면서 씨 말리는 바보짓 한다
넓고 넓은 유휴산지의 엄청난 자원임을 왜 모르나

그들의 희망은 자연이 맺어 준 먹이와 안식처 뿐
인간에게 피해주는 욕심은 하나도 없는데
현대인은 개발한답시고 원시의 낙엽을 빼앗고 있다

최근에 야생 동물의 농작물 피해가 있다고 야단들이나
인간들이 먹잇감을 빼앗아 갔으니 살기위한 도리일 뿐
그들의 안식처와 먹잇감을 돌려주면서
사나운 야생성을 진정시킬 낙원을 돌려줄 지혜 없을까

무식한 개구리 소리

지하철 승강장에 예쁜 벌레 소리 숨어 우는데
"엄마 저게 무슨 소리야" 유치원 딸 또래의 딸이 물으니
"개구리 소리야" 엄마가 가르쳐 준다

지하철역에선 개구리가 살아갈 재주가 없고
그곳에 들어올 바보 없는데
엄마의 무식은 딸의 지하철 속에 개구리가 살게 하였다

진실한 교육은 진실의 꽃을 피우고
무식한 교육은 엉뚱한 열매가 달리게 하거늘

우리들 주변엔 무식한 개구리가 도처에 울고
순진한 가슴속엔 개구리가 늘 뛰고 있다

비경(秘境)의 계류(溪流) 앞에서

老岩 絶壁 밑자락에 숨겨진 秘境
아무도 찾아주는 손님 없는 깊은 溪谷엔
原始의 묵은 情趣 그대로 남아
古色의 千年 香氣 찐하게 풍겨
岩底 깊은 골짜기엔 溪流 흐르네

老松 野生木이 서로 사랑하면서
바람소리 새소리 風樂 울리고
盆岩水 맑은 물은 魚族의 遊園地되어

잔잔한 碧水景은 秀麗한 絶境을 그대로 잡아
밤에는 별들의 密語를 담아가면서
고요한 달빛도 쉬어 가는 風致 이루네

淸流 따라 찾아온 初行의 登山文客들
붓대를 들이대고 賞讚하면서
絶妙한 奇岩 怪石에 혼을 뺏기네

하늘이여… 땅이여…

自然의 名作위에 맘을 담구고
詩人되고 畵家되며 山客되면서
作家들도 설fp면서 줄을 서 오네

갈매기

검푸른 바다와 하늘사이
하얀 곡선을
매끈히 그려가며

백색 낭만의
시를 뿌리는
평화의 사자……

항구마다
유리알 꿈을 꾸며
찾아드는 귀한 손길에

황금 어장의
기별이 날아든다

그러면서도
어느 해인가

연락선 떠난
허전한 항구엔
갈매기 소리만을 슬피 남겨

먼 수평선을 눈물로 적셔놓고
삼삼한 기억을 뿌려놓은
바다의 정다운 친구……

검푸른 하늘과 바다에
하얀 그림을 그리며

오늘도 뜨고
내일도 또
뜨고 내려다오

하루살이

하루밖에 못 산다 붙여진 이름
모두가 하찮은 날벌레로 알고 있으나
석양빛 하늘에 놀이방 차려
황홀한 군무(群舞)의 명수임을 아는 이 없어

하루만을 살다가는 존재이지만
하늘은 자연계의 일원으로 살게 하시고
계곡마다 맑은 물 속 애벌레 되어
3년 여 물고기의 먹이 되다 살아남은 몸
단 하루 날개 달고 하늘을 난다

유종의 미 장식하는 미모의 몸매로
완숙한 '에어 쑈'의 출연자 되어
화려한 군무(群舞)의 하늘을 연다

누구의 구령도 지휘도 없이
어디서 훈련받은 경험도 없이
천부(天賦)의 질서미와 자율 지키며
자유하늘 무대에 성찬을 편다

수천, 수만이 한 떼로 모여
좌연대(左連帶) 우연대(右連帶)로 양분되고는
수직상하, 수평좌우로 빙글빙글 돌아치면서
곡예의 극치로 하늘을 난다

소문난 마쓰게임의 열띤 연출도

훈련받은 의장대의 시범경연도
발아래 저 수준에 묶어놓고는
아름다운 신바람의 몸을 날리며
질서미의 신통력을 하늘에 편다

날다 지쳐 땅에 떨어지고는
예쁜 새, 개미류의 먹이가 되려
조용히 나래 접고 눈을 감는다

친구들이여!
하루밖에 못사는 미물이라 여기지 말고
질서미와 자율율동 찬미하면서
못난 생각 오만심성 씻어 버리고
유종의 미는 이런 것
하루살이 최후를 상찬(賞讚)해 봄세

어느 계류(溪流) 앞에서

季節이 곱게 물들어 가는 溪谷엔
絶景을 이루다 남은 조각돌 들이
千年 流水에 몸이 씻기고 다듬어져
奇形 怪石의 모습으로 歲月을 지키며
溪谷의 물길 따라 즐비하게 자리하였네

無秩序의 定座 같으면서
秩序美로 點綴된 溪谷의 水石들
그 사이사이로 물줄기는 솔솔 빠져 가면서
부딪치며 멈춰 愛撫하다가
머나먼 물길 찾아 바삐 떠나가는 戀心들

아이야!
淸明 純心 그대로 보냈다가
언젠가는 다시 여기 찾아오는 날
때 묻지 않는 淸心 다소곳이 간직해 두었다가
微少짓는 다정한 손길로 그들을 기다려 보잣구나

초승달

저녁노을 빠진 서쪽 하늘에
초승의 수줍은 미소 지으며
홀로 떠있네

애기의 눈매처럼 초롱한 모습으로
하늘의 저편에 싸늘한 조각 불 켜
가냘픈 회상으로 초심의 시를 쓰네

내일을 기약하는 만월의 꿈을 안고
고독한 저녁을 지키다 잠이 드네

평생을 그 서쪽만을 지켜 온 순심
어둔 밤이 싫어서 미리 숨는 저녁 맘
말없이 아쉬운 이별을 남기고 가네

명산(名山)의 홍엽 단풍(紅葉 丹楓)

季節의 巡禮 따라 溪谷의 女王으로 登壇하여
名山의 靜寂을 鮮紅으로 물 들여 서 있는
自然사랑, 情緖의 交際, 鮮紅色 秘境의 친구

높푸른 하늘 向해 예쁜 손길 흔들며
비단결 고운 몸매에 보드라운 微笑 담아
賞讚의 친구 되어 名山을 지켜 서 있네

맑은 물, 맑은 공기, 靜寂이 좋아
深山의 溪谷 곁에 자리를 하여
眞善美 높은 德性 다듬어 서 있어……

사치스런 物質文明 아랑곳없이
德人의 모습하여 맡은 本分 지키며
歲月의 同伴者로 詩心을 담아 섰네

사시사철 궂은 風雲 빗겨가면서
忍苦의 美德을 살 속에 담아 안고
慾心도 시샘도 없이 名山의 名譽 위해
孤高히 最上의 氣品으로 거기 서 있네
名山의 名譽는 나의 자랑
나의 名譽는 名山의 자랑
名山 있기에 丹楓 이름 높고
丹楓 있기에 名山 이름 날리네

푸른 하늘에 鮮紅빛 예쁜 손을 흔들어

靑空에 나의 心性 울려주는 情緖의 친구
自然의 純心으로 回歸하는 나의 戀人이여!……

來年 또 이맘때 그 아름다운 모습하여
다시 만나 戀心으로 交信을 하자 꾸나요

흙과 땅

흙은 우리 생명의 위대한 어머니

흙 위에서 우리 생명은 태어나왔고
흙이 공급해주는 무한 양의 양식을 먹고살면서
흙이 만들어 준 아름다운 경치 속의 맑은 물, 맑은 공기 마시며
흙의 땅 위에서 생존하며 행복을 누리게 했다

그러면서 한 푼의 보상을 바라지 않는 어머니의 마음 가득한데
누가 그 어머니의 가슴과 품안에 오물을 쏟아 붓는가
누가 어머니의 마음에 함부로 상처를 내는가

멋지게 보람차게 기쁨과 희망 안고 살게 한 땅
우리 조상들도 살아왔고 우리의 자손들이 살아갈 그 땅
위대한 포용력과 사랑의 품안에 태어난
맘과 뜻과 정성을 모아
감사하며 소중하게 기리 보존해 가세

봄 나비

겨우내 어디에서 숨어살다가
화창한 봄날 타고 비단날개 펄럭이며
새 봄의 메신저로 눈 갓에 봄을 그린다

봄의 선구 유채 꽃이 잔치 벌리면
초청장 입장권 없이 맘대로 날아들고는
단골손님 가장하며 새봄의 무희가 된다

향기로운 값진 꿀을 무상으로 빨아먹고는
비단날개 윤이 나고 살이 오르면
자유 하늘 펄럭이며 암수가 신방 꾸민다

十자화과 채소밭이 그리 좋아서
이집 저집 골고루 찾아다니며
출산 선물 한알 두알 남겨두고는
도망치듯 어디론지 날라 버린다

어미도 모른 애벌레 푸른잎에 숨어살면서
어떤 놈은 꼬치벌 새끼들의 번식처로 희생 되다가
운 좋게 살아남는 세월 만나면
어미는 미녀, 새끼는 가해자란 명운을 씻고

내년에도 기다리는 새 봄의 멧신저 되어
아름다운 그 날개 다시 보여 주겠지

신토불이(身土不二)

身土不二를 모르는 이가 거의 없다
그러나
그 진정한 뜻을 아는 이도 거의 없다

모두가 우리 농산물 애용이란 뜻으로 정착되었고
농민들이 가장 애용하는 농업 용어가 되어 있다

본래 우리 몸과 흙은 하나라는 뜻인데
우리의 농업단체가 잘못 들여다 변질시킨 것

지금은 더욱 널리 퍼져나가
국산품 애용으로까지 변질되었다
그런대도
누구하나 그 잘못을 탓하는 이 없이
국민 전체가 애국적 용어로 추켜세운다

우리 몸의 성분은 흙과 동일하여
흙의 성분에 이상이 생기면
사람의 건강에도 이상이 생긴다 하여
만들어진 자연식 건강론인데……,

태어난 고장에서 살고 있는 사람은
그 고장의 농산물을 섭취를 해야
건강이 확보되고 장수를 한다는 이론이나
그 뜻 모르고 들여다 쓴 것이 잘못을 만들었다

우리 농산물 애용도 국산애용도 바람직하나
용어의 뜻만은 제대로 알고 쓸 때
문화시민 지성인의 자격 얻는 법

身土不二가 우리 농산물 애용이라 우겨댄다면
漢字圈 외국인은 우리를 보고
문맹자나 무식자로 평가절하 할 것
국제망신 피하려면 하루 속히
漢字 貧血症에서 벗어나야 한다

소낙비

이런 기쁨 주기 위해
그리 혹독한 가뭄으로
땅을 태웠나

기다리다 지쳐
천지도 타고 피도 말라
기진에 맥진 덮쳐
한숨만 터지던 나날들

그 시원스런 한줄기에
천지에 기쁨은 터져 나왔고
물줄기는 봇물 되어
개울도 제구실을 찾게 하였어

목말라 고생했다
푸른 들판 고루 안수하면서
천지를 감동시킨 사랑의 천사 되었네

앞으로 일랑
늦정거려 애태우지 말고
제때 제때에 찾아와
그 생명수 이 땅에 사랑 심고
만민의 사랑을 듬뿍 받으렴

새 봄은 왔지만

새 봄은 왔지만 바람은 아직도 차다

겨울 지나간 그늘진 자리엔
아직도 잔 겨울이 서성대며 숨 쉬고 있다

앞산에도 들녘에도
봄맞이 아지랑이는 새 봄을 알리는
신호 보내면 손을 흔들다

봄볕이 따뜻한 봉당 어귀엔
겨우내 추위에 떨던 삽살개
한 자리 쭉 깔고 폭신한 오수를 즐긴다

모진 겨울도 이제 위세 꺾기고
울긋불긋 앞산의 진달래 잔치를
먼발치에서 바라보고 시샘하겠지

아이야 찾아오는 봄 손님 놓치지 말고
꼭꼭 붙들어 아름다운 계절에 꽃을 피우자

달님

언제나 밤하늘에 외로이 떠서 세상을 내려다보는 달님
내가 걸어가면 함께 따라 주고
내가 뛰어가면 같이 뛰어주는 다정한 달님

내가 정적(靜寂)지키면 달님도 조용히 미소 짓고
내가 시를 읊어 가면 함께 명상으로 받아주는 달님

어두운 밤길 헤맬세라 수줍은 듯 빛을 밝혀주는 애정
종일토록 일하다가 기다리던 달님 만나면
고요한 달빛으로 지친 마음 다소곳이 달래 주는 맘

사랑의 진심을 예쁜 그릇에 담아
슬플 때 같이 슬퍼 해 주고
기쁠 때 같이 기뻐해 주는 달님

낮에는 장엄한 햇빛에 가려 숨어 있다가
밤에만 수줍은 모습하여 고요한 밤길을 비치는…

옛날의 명현들도 신비한 달님에 취해 시심에 빠져
철인도 되고, 시성(詩聖), 명인도 되어
달빛과 동행하며 구도의 열매 찾아 오늘을 밝힌다

집집마다 거리마다 조용히 잦아 다니며
만민의 깊은 사연 어루만지며 사랑의 고운 심성 가르쳐
준다

눈물도 감상(感傷)도 통한의 서러움과 그리운 애정도
희망과 눈물도 감싸주시는 어머니의 기도되어
거울 속의 모정(母情)으로 그 안에 감싸 주신다

아! 사랑의 달님이시어
오늘밤은 또 어느 곳으로 사랑의 여행을 떠나시나요

6부
친절은 마음의 꽃

친절은 우아한 마음의 꽃
친절은 사랑의 심벌
좋은 친구
제 말만 떠드는 맹추·
인사는 행복의 생명수
뻐꾸기 심성
건강에 나래 달고
병 못 고치는 의사가 의사냐
소인(小人)과 대인(大人)
사람의 심성

♠
사람의 심성에는 누구나
악심과 선심이 공존해 있다

악심이 발동하면 악인이 되고
선심이 작동하면 선인이 된다
　　- '사람의 심성' 중에서

친절은 우아한 마음의 꽃

친절은 맘속에 핀 꽃이요 우아한 향기라
그 향기 발산하면 세상의 사랑은 내 것이 된다

사람은 본태적 친절의 본고장이며
친절을 발산할 심성과 능력이 있다

친절을 베풀면 고상한 인격자 되나
친절을 숨기면 추악한 인성이 된다

친절은 영혼과 영혼을 결혼시키고
친절은 평화와 번영의 젖줄이 된다

친절하면 세상인심 내게 쏠리나
불친절은 세상인심 멀리 떠난다

친절은 선인들의 잔칫상 되나
불친절은 미숙인의 난투장 된다

친절은 인격자의 전유물 되나
불친절은 천민의 단골 메뉴다

친절한 신앙인은 사랑의 심벌이요
불친절의 신앙인은 마귀의 심벌이다

친절한 심성은 화합과 평안을 사나
불친절의 심성은 트집과 싸움에 산다

친절은 사랑의 심벌

우리는 세계에서 가장 친절 없는 나라라
세계의 언론들이 필탄을 날려 보냈다

친절은 착한 심성이 만드는 사랑의 열매
친절이 없는 나라, 사랑 없는 국민의 집단 수용소

우리는 세계의 굴지의 종교의 나라
국민의 3분의 2가 종교인이라 자랑을 한다

종교는 사랑의 뿌리가 되고
사랑은 친절의 어머니인데

사랑 없는 종교라면 있으나 마나
사랑 없는 종교는 겉치레 신앙

세계에서 일등 가는 종교국가 되려면
세계에서 으뜸가는 친절을 먼저 배워야

친절은 사랑의 실천적 열매
친절은 인격의 최고값이다

좋은 친구

좋은 친구 만나는 것보다 기쁜 일은 없다
그러니 내가 먼저 좋은 친구 되어주려 기도를 한다

가장 아름다운 모습 보여주는 좋은 친구 되고자
진정 속에 비단결 우정을 담아 기쁨의 선물을 한다

아름다운 우정은 만나는 회수에 자승으로 상승되는 법
나보다도 친구 먼저 생각하는 다정한 모습 보여

내가 먼저 기쁨 주면 그 기쁨 내게 되돌아오는 진리 앞에서
만나고 싶은 친구 만나서 기쁨 주는 친구가 되고 싶어

제 말만 떠드는 맹추

귀한 모임에서 혼자 떠드는 맹추가 있다
오만 독선의 바보인줄 모르고 소리 높인다
남이야 좋든 말든 제 말에 도취되는 단세포 심성

세상에는 좋은 말 감동의 말이 널리 고여 있는데
그런 것 나 몰라라 제 자랑만으로
분위기를 독식하며 빈축을 산다

서로 사랑을 나누며 서로 칭찬하는 자리에
인심이 쌓이고 인격은 꽃이 피는데
그런 덕목 그런 이치 나 몰라라 무식을 떤다

위대한 연설은 침묵이라 했고
침묵은 위대한 웅변이라 했거늘

내 말보다 남의 말 존중하고 경청을 할 때
진실과 평화와 인격이 자리를 잡고
위화감 몰아내는 지혜인 것을 왜 모를까

짧고 고상한 말은 활짝 핀 벚꽃이요
길고 거친 말은 비닐 타는 냄새이며
말이 헤픈 자는 철학이 없는 자의 과시니라

인사는 행복의 생명수

인사는 만민의 마음을 움직이는 생명수 되고
인사는 만민의 가슴 울리는 무형의 투자된다

인사는 고상하고 아름다운 마음의 편지
인사 받고 침을 뱉는 악인은 없고
인사 받고 기쁨 없는 바보는 없다

인사는 화합의 제일 요소요
인사는 친절의 최고 덕목이며
인사는 기쁨 주는 사랑의 메시지

인사는 인격적 대접받을 지고의 자산 되고
인사는 만사가 내 것 되는 최상의 가치 된다

인사는 슬기롭게 살아가는 사랑의 지혜 되고
인사는 평화롭게 살아가는 윤활유 된다

인사 속에 친절 있고 친절 속에 사랑이 있고
인사 속에 미소 있고 미소 속에 행복이 있다

서로 서로 먼저 인사하여 먼저 기쁨 나누고
서로 서로 먼저 인사하여 기쁨을 공유해 가자
먼저 인사하는 마음에 낙원이 먼저 오고
먼저 인사하는 마음에 천국 문이 먼저 열린다

뻐꾸기 심성

오월 신록이 깊어지면 찾아오는 철새
앞산, 먼 산에서 신록을 찬미하는 목청을 돋궈
계절사랑의 심성에 선율을 울린다

그들은 산란을 위해 이곳 녹음을 찾았고
그들의 사랑을 남기기 위해 명창을 읊는다

산란을 위해 둥지가 절실한데도
그들은 둥지 지을 재주가 없어
남의 둥지에 몰래 알 낳는 잔꾀를 편다

순진한 둥지 어미는 그것이 자기 것인 줄 알고
열심히 먹이를 물어다 지성껏 키운다

원둥지의 새끼보다 먼저 자란 뻐꾸기는
키운 정 나 몰라라 둥지를 떠나버린다

하늘은 뻐꾸기의 교활한 솜씨 만들어 놓고
이것도 자연계의 명작이라 자랑이랄까

인간사도 순리와 역리의 범벅이 되고
역리가 순리를 몰아내는 잔꾀를 편다

뻐꾸기의 심성도 자연계의 재간이라면
역리와 순리도 세상의 재간이란가

철새의 도래를 반기며 찬양하던 우리
덕심에 뻐꾸기의 산란꾀는 담지를 말자

건강에 나래 달고

하늘은 건강으로
세상을 살게 하셨고
그 값진 선물로
우리의 삶을 지키게 하셨다

공평하고 순수한
사랑의 세월 속에
건강을 지키는 지혜를 주셨다

오직 내 건강만이
내 것이 되고

남의 것은
욕심내도
남의 것 일뿐

빌릴 수도
줄 수도 없는
삶의 뿌리

인격을 낳고
희망도
열정도
의욕도
창의력도
세상만사 건강 안에서만

꽃을 피운다

사랑이여
기쁨이여
겸손이여
우아미여
무병장수여!

건강 잃으면
모두가 허사 일뿐

건강에 머리 숙여
감사하며

건강에 나래 달고
하늘을 날자

하늘에 건강 싣고
기나긴
건강의 여행길을

힘차게 날자

병 못 고치는 의사가 의사냐?

내가 살려고 이 병원에 들어왔지 죽으려고 들어왔는가
왜 의사들이 돈 받고 사람을 죽게 하는가
폐암으로 죽어 간 코미디언 이주일의 피 맺힌
마지막 날의 절규였다

지금 우리는 불치병 홍수시대에 살고 있다
불치병 환자가 넘친다는 말이다

병원에 가면 모든 질병은 당연히 고쳐져야 하나
병원에서 고치는 병보다 못 고치는 병이 더 많다
병원에서 못 고치면 환자는 돈만 버리고 가슴을 친다

입병 하나 못 고치는 의사가 무슨 의사야!
콧병 하나 못 고치는 의사가 무슨 의사야!
불평의 소리가 도처에서 진동을 한다

당뇨병, 고혈압, 아토피성 피부병, 발가락 썩는 병, 변비,
간경변, 신부전, 뇌졸중, 녹내장 등 수많은 질병들을 고치
는 의사가 없다
이래서 이것이 의사야 하는 불평이 쏟아져 나온다

병 못 고치는 무능한 의사들의 면허증은 취소를 해야 한다
의사가 못 고치는 질병을 고치는 자연요법이 수두룩하니
복지부는 국민의 건강을 위해 자연요법을 받아드려라

국민의 건강은 국력의 바탕임을 모르는 정부(복지부)의 심성

이것이 선진국을 지향하는 정부라면 부끄러운 일

국민의 건강 위해 병 못 고치는 의사들은 과감히 도태를 하라

소인(小人)과 대인(大人)

소인은 이기(利己)를 위해 욕심을 내나
대인은 존경을 위해 욕심을 낸다

소인은 이기를 위해 교만해지나
대인은 세상을 위해 겸손해진다

소인은 자기를 위해 사치를 하나
대인은 세상을 위해 청빈을 산다

소인은 이기를 위해 부덕을 일삼으나
대인은 세상을 위해 덕인(德人)으로 산다

소인은 이기를 위해 무지에 만족을 하나
대인은 세상을 위해 지혜로 산다

소인은 이기를 위해 타인을 괴롭히나
대인은 세상을 위해 자기를 누른다

소인은 죄악이 善으로 보이나
대인은 善이 힘으로 보인다

소인은 잡소리에 합창을 하나
대인은 靜寂속의 瞑想을 즐긴다

소인은 이기로 세상을 망치나
대인은 克己로 세상을 구한다

소인은 이기 위해 사랑을 버리나
대인은 세상 위해 사랑을 베푼다

소인은 자기 위해 생명을 바치나
대인은 만인 위해 생명을 바친다

소인은 자기만을 위해 기도를 하나
대인은 세상을 위해 기도를 한다

소인은 troble maker가 되나
대인은 peace maker가 된다

소인은 부정적 심성이 가득 하나
대인은 긍정적 덕심이 가득 차 있다

소인은 하나님을 부정을 하나
대인은 하나님을 심중에 섬기며 산다

사람의 심성

사람의 심성에는 누구나
악심과 선심이 공존해 있다

악심이 발동하면 악인이 되고
선심이 작동하면 선인이 된다

악심은 언제나 선심을 누르고 활개를 펴나
현자(군자)는 악심과의 싸움에서 승자 되는 분

악인 되기는 극히 쉬우나
군자가 되기는 매우 힘들어

그래서 세상에는 악인이 발호를 하고
군자는 지극히 희귀한 존재

사람은 언제나
자신의 악심과 선심의 싸움에서 갈등을 하고
그 갈등 잠재우는 힘든 일생을 살아간다

7부
잡상(雜想)

노화(老化)의 저속화(低俗化) 신호등
고독 /감동
축시(祝詩) / 뱀은 뱀이다
잎담배 사랑
내가 존경했던 상사님
새벽에 텐트 치는 행복
농심(農心)과 도심(都心)
늙은이의 삶의 지혜

♠
열 번을 탈피해도
열 번을 자고 깨도

너는 끝내
뱀은 뱀이다
  – '뱀은 뱀이다' 중에서

노화(老化)의 저속화(低速化) 신호등

나이의 增加는 老化의 緩速이 되나
健康의 喪失은 老化의 高速을 탄다

기쁨과 希望은 老化의 低速化 되나
健康의 確保는 老化의 赤信號 된다

나이의 增加는 皮膚에 주름이 지나
健康의 確保는 마음의 주름을 편다

마음의 老化는 젊음을 좀 먹게 하나
마음의 活力化는 젊음을 躍動시킨다

기쁨과 希望을 간직하면 健康의 꽃이 피나
意慾의 喪失은 疾病의 불씨가 된다

일거리를 創出하면 老化가 멈추게 되나
나이를 핑계대면 老化는 앞질러 온다

엉터리 健康論은 老化의 促進劑 되고
속임수 健康論은 老化의 毒素가 된다

人生의 老化는 마음의 속 샘에 달려 있거늘
우리는 늙어지는 그날까지 늙지 않는 聰明을 갖자

고독

고독에 잡히면 마음에 병이 생기나
고독을 잡으면 보물을 얻는다

고독에 취(醉)하면 허망에 덮치나
고독을 취(取)하면 세상사는 내 것이 된다

고독에 醉하느냐
고독을 取하느냐는
내 맘에 달렸거늘

고독할 땐
약혼녀가 약혼자의 속옷을 바느질 하는
행복감을 백지에 담아 연필 굴리며
항상 책속에서 스승과 벗을 찾아 위로받는다

최상의 명작은 고독이 산물이요
최고의 명상은 고독속의 등불이어늘
고독 속에 사상 이길 지혜를 얻고
고독 속에 진리의 꽃길에 향을 피운다

고독 속에 내 마음의 연인 만들고
고독 속에 외로움 달랠 친구 그린다

위대한 성현은 고독의 체득자이고
위대한 스승은 고독한 철학자이니
고독 없인 성현도 스승도 세상에 없다

고독과 대화하는 총명을 얻고
고독과 벗 삼는 지혜를 심어가자

감동

사람은 누구나 감동을 주고받을 줄 아는 지성이 있어야 한다
감동은 기쁨 활력 건강 희망 축복 성공의 씨앗이 되기 때문이다

우리는 누구나 감동의 씨앗을 안고 태어났으나
그 씨앗을 메말려 사는 경우가 많다
감동이 없는 인간은 탈피치 못한 곤충과 같다

우리 주변에는 감동의 요소가 즐비하여
과거에도 현재에도 미래에도 수없이 깔려 있다. 그러나
그것을 보지도 느끼지도 못하는 경우가 허다하다

우리는 감동의 사람이 되어야 하나
남을 감동시키려면 내가 먼저 감동을 하여야 한다
글을 쓰자면 내가 먼저 내 글에 감동을 받아야
남도 감동을 받는다

글에는 감동이 있어야 한다
감동이 없는 글은 글이 아니다

감동은 아름다운 음률을 풍기는
인생의 램프이며 일소천금(一笑千金)의 가치가 있다

시란 인간의 순심에 뿌리박은 감동의 나무에
사색의 꽃을 피운 예술작품이다. 따라서
감동은 시인에 있어 삶의 보람이요 목적이다

우리는 감동을 발굴하여 빛을 내는 값진 생활인으로
보람과 기쁨을 나누며 살아갈 지혜를 창출하자

축시(祝詩)
- (주)신흥기업의 창립 30주년에 즈음하여

오늘의 貴한 잔치상을 마련키 위해
30年 歲月을 진한 땀방울로 적셨나보다

30年前 無明의 이 땅에 新興의 看板을 걸고
비바람이 흔들세라 밤잠 설쳐 지켜온 나날

젊음의 愛情을 굳게 새긴 新興의 깃발을 올려
希望과 보람 걸고 드높은 蒼空에 휘날려 왔지

잎담배 사랑에 젊음을 불사르고
오직 農民의 所得과 福祉 위하여
몸을 낮추며 犧牲과 奉仕로 農心 일궜네

食糧不足, 外貨不足 나라가 꾀여졌던 때
잎담배 輸出하여 달라와 食糧 드려와
食糧自給, 工業立國, 國策의 받침목 되어왔지

지금은 담배산업 길목에 夕陽빛이 비춰오지만
지내온 발자취엔 歷史的 生命水가 넘쳐흐를 것

이곳 松亭의 언덕에 깊숙이 뿌리박은 新興의 巨木
이 나라의 榮光 爲해 民族의 企業으로 기리 빛나라

하늘의 祝福은 新興의 터전에 꽃을 피울터
新興이여 永遠하라! 그 香氣 永世토록 펼쳐나가라!

오늘의 꽃 잔치 燦爛한 그날 위해 기름진 거름이 되고
世上을 일궈갈 큰바람으로 昇華가 되어
歷史的 큰 잔치되게 合心의 큰 祈禱를 드려 봅세나

뱀은 뱀이다

뱀이다, 뱀……,
양재기 찢어지는 비명에
삽시간에 뱀에 감긴 소름이 덮쳐
급한 시선을 그 쪽에 돌리니

소리 없이 슬그머니 숨어 들어와
풀 속에 몸을 숨기고
빳빳이 머리 들어
두 갈래 혓살을 넘실거리며

덤빌 테면 덤벼봐라
사나운 눈살을 쏘아붙인다

백 번 봐도 소름 끼칠
징그러운 네 모습

이 세상 너 없이도 아쉬움 없으련만
어찌하여 가슴 놀랄
길다란 모습하여 태어났을까

꿈에도 생시에도
보기 싫은 너……,

열 번을 탈피해도
열 번을 자고 깨도

너는 끝내
뱀은 뱀이다

잎담배 사랑

"잎담배가 우리를 먹여 살렸다"
이런 말을 믿는 사람 아무도 없다

국민소득 80불의 가난했던 그 시절
외환보유 말라붙어 바닥났을 때
잎담배는 1억불의 수출 위해 몸을 바쳤고

국민식량 모자라 배를 굴릴 때
잎담배 한 포대 수출하면 밀이 열 가마
잎담배 앞장서서 헌신을 했다

6.25땐 국가재정 70% 감당하면서
담배원료 잎담배는 몸을 태웠다

농촌경제 찌들어 바닥을 칠 때
잎담배는 농촌소득 황금작물 되었고

잎담배는 환금되어 학자금의 생명수 되어
높은 인재, 과학자, 교수도 배출해 냈고

경제 개발 추진의 자금원 되고
고속도로 건설비의 주역이 되기도

배고플 때 식량 되고 가난할 때 "달라" 되어
우리 경제 살려왔고 가난 살림 돈줄 되었다

멀칭재배 개발하여 은색혁명 이뤘고
우리나라 농업증산, 농업기술 선구자 되었는데

금연세력 불러와 잎담배 목을 조이고
건강에 해롭다 사정없이 밟아 버린다

니코틴이 어떻고 탈이 어쩌느니
임상실험 없으면서 소리 높인다

세상에 불치병 그리 많은데
그런 것 해결 못한 핑계 감으로
잎담배를 물어뜯는 고얀 심성들
이것이 건강행정 최고선인가

가난했던 시절의 구극의 보물단지
역사의 핏줄기는 그대로 살아
배신의 세월 안고 가슴을 찢네

잎담배를 생명처럼 사랑했던 역전의 사자들
정서심리 으뜸의 보약이란 담배연기에
잎담배 고운 심성 하늘에 뽀얗게 띄워
지난 역사, 그자랑 청산에 기리 빛내세

내가 존경했던 상사님

일생 중 존경하는 스승과의 만남은
행복 중의 큰 행복
공직생활 중 존경하는 상사와의 만남은
행복 중의 큰 행복

내가 존경했던 상사는 오직 한 분
고재일 청장님(장관)

그분은 매몰 됐던 광부를 20일 만에 구출 성공케
현장을 지휘했던 무서운 공직자
불의와 정실과 사심과는 절대로 타협치 않는
철저한 애국으로 뭉친 고위 공직자였다

잎담배 고갈로 수출 길마저 막혔던 시절
1년에 2년 농사 단번에 지어낸 마력의 청장
이런 공무원이 우리나라에 세 명만 있으면
나라가 바로 설 것이란 별칭이 붙은 분

나는 이 분을 지극히 존경을 했다
나의 공직생활중 이 분과의 만남은
지극한 보람이요 자랑이요 행복이었다

나의 일 욕심과 애국심에 불을 지폈고
애국하는 공무원을 소중히 키워왔던 그 분

지금은 어디서 무엇 하며 무슨 생각하고 계실까

새벽에 텐트 치는 행복

나는 새벽에 텐트 치는 행복에 산다
무엇 때문에 새벽에 텐트를 치나요

10년간 텐트 치는 힘을 잃었다가
이 봄부터 텐트 치는 힘이 생겼기 때문

텐트 치는 힘이 빠지다 보니 아내의 낙심이 컸으나
새벽 텐트를 치게 되니 아내의 대접이 놀라와 졌다

나는 10년 전부터 당뇨병이 생겨난 후로는
왕성했던 기력과 정력은 물 건너갔다

당뇨병으로 새벽 텐트 치는 정력이 빠져갔으나
홍삼엑기스는 텐트 치는 힘을 샘솟게 했다

인생 최고의 행복은 새벽 텐트 치는 일거리
그 일거리의 지속을 내가 창출케 해 줬단다

농심(農心)과 도심(都心)

농촌은 하나님의 작품이요
도시는 마귀의 작품이란다

농촌은 아름다운 생태적 삶의 터전으로
아름다운 4계절 속에 하늘과 땅과 자연과 인심이
하나 되는 至純의 農生의 고장
순결한 환경에 묻혀 살아 온 인품이기에
그 자리 지켜갈 자격 얻은 農心을 산다

푸른 하늘 아래 상쾌한 공기 맑은 물을
나눠 마시는 평화로운 인심에
서로 서로 이웃사촌의 정을 나누며
한마음 고리로 화평을 지킨 귀한 손길들

자연이 맺어 준 질서에 순응하며
長幼에 有序하며 本態的 순리대로
생각도 뜻도 생활 속에 일치시키며
東方禮義之國의 産室된 純情의 주인공

미소와 친절과 純心이
한 줄로 엮어지는 한 뿌리 사랑의 한 마을
형님 먼저 아우먼저 겸양의 미덕이 넘치는 우리의 산촌

농심은 하늘의 眞品
세월이 흐를수록 그리워지는 정든 내 고향

도시는
숨 막히는 오염된 공기에 불신의 물결
머릿속이 찢어지는 소음의 거리
답답하고 거친 마음 범벅이 되어온 환경

늙은이의 삶의 지혜

늙은이의 멋진 삶의 기둥은
健, 財, 事, 友, 智에 있다.

이 기둥이 없으면
멋, 맛, 재미, 보람, 의욕, 기쁨, 희망이 없다

늙을수록 건강이 있어야 한다 (健)
건강 잃은 長壽는 무가치 인생

늙을수록 재력이 있어야 한다 (財)
재력 없는 늙은이는 무 대접 인생
자식에 넘겨준 재산은 내 것이 아니라

늙을수록 일거리가 있어야 살맛이 난다 (事)
일거리가 없으면 주름살은 먼저 알고 대든다

늙을수록 친구가 있어야 한다 (友)
친구는 고독 퇴치와 대화의 영원한 산실

늙은이의 지혜는 나라 구하고 (智)
늙은이의 지혜는 황금 알을 낳는다
힘보다 강한 것은 지력인지라
평생 쌓아 온 지혜에 날개를 달자

健, 財, 事, 友, 智는 늙은이의 인격적 힘
대접받기 원치 말고 베푸는 지혜 보이고

지혜의 깊이와 고매한 인격으로 대접을 받자

■ 이부경의 작품세계

밭에 감취였던 보화를 캐내어

최 세 균
<시인·그사랑교회 목사>

 글 솜씨만 좋다고 시인이 되는 것은 아니다. 시는 단순한 글이 아니라 사물을 응시함에서 오는 특별한 마음이요 사랑이요 진실이기 때문이다. 시인이 아니고서야 오월의 품 안에서 아카시아, 찔레꽃이 향수를 뿜어내든 말든, 뻐꾸기, 꾀꼬리가 사연을 풀어놓든 말든 상관할 바가 없을 것이다. 여럿이 오월의 숲을 갈지라도 시인은 그 속에서 꽃들이 무슨 웃음을 짓는지 새들이 무슨 말을 하는지 눈여겨보고 귀 기울여 듣는다. 이 마음이 있어야 시인이다.
 이 마음이 없고 글 솜씨가 탁월한 사람도 있고 글 솜씨는 좀 못하지만 이 마음이 풍성한 사람이 있다. 우리가 시심(詩心)이라고 말하는 그 마음을 풍성히 지닌 분으로 나는 이부경 시인을 꼽는다.
 표현을 다 못해서 그렇지 어린 시절 그 시심이 풍성했던 경험을 누구나 가지고 있을 것이다. 그래서 시를 써보기도 하고 시인이 될 꿈을 가져 보기도 한다. 하지만 나이를 먹어가면서 각박한 세상에 시달리다 보면 시심은 어디론가 사라지고 초조함과 절박감만 가득 안고 정서와는 거리가 먼 인생의 길을 바쁘게 달려가는 무감동의 사람이 되고 만다. 그런 중에도 이부경 시인은 그 시심을 잃지 않았을 뿐 아니라 갈수록 더해지는 시에의 동경과 열정을 더 이상 참을 수 없어 마침내 분출하고야 만 활화산이다.
 이 시인을 처음 만났을 때 나는 그의 깊은 속에서 꿈틀대고 있는 시심을 예사롭지 않다고 보았다. 그 때 이미 그의 나이는 칠십을 훌쩍 넘긴 어찌 보면 감정도 다 메말랐을 것 같은 노령이었지만 그의 속에서 뛰고 있는 소리는 소년의 그것과 같았다. 그러고 보니 수도 없이 겪었을 인생의 풍상고절을 어디론가 날려 보내고 얼굴조차도 '그 소녀 있기에'의 그 소녀를 바라보는 소년의 모습 그대로다.

그 소녀 있기에
꽃밭은 더 아름다워 보였고

그 소녀 있기에
천지 만물이 더 아름다워 보였다
그 소녀 있기에
아름다운 심정이 자리하였고
아름다운 시심을 꽃피워 냈다
　　　　　- '그 소녀 있기에'에서

　사람들은 시를 잘 썼느냐 못썼느냐를 따지고 싶어 하겠지만 나는 이 시인에게서 쏟아져 나오는 시들을 경이로움이라고 말하고 싶다. 74년 동안이나 꺼트리지 않고 간직해온 시심의 경이로움, 그것은 그가 농학박사와 건강과학 연구가라는 점에서 더욱 그러하다. 일찍이 서울대학교 농과대학을 졸업하고 농림부, 전매청 등의 요직을 거치면서 자연농법과 자연요법연구, 작물의 질소기아현상의 반론적 연구 등으로 농업발전에 기여하여 녹조근장훈장, 철탑산업훈장 등을 수상한바 있는 이 시인은 시와는 거리가 먼 과학자이며 「당뇨병 치료법」「불치병을 정복하라」등의 건강관련 저서를 다수 출판한 건강학의 전문가이다. 그러한 그의 속에 그토록 시심이 가득 고여 있을 줄은 곁에 있는 사람들

도 눈치 채지 못했을 것이다. 어쩌면 그것은 그가 늘 그리
워하는, 싸리문짝 그리고 나물 캐던 산길에 남겨 놓은 아
버지의 마음과 어머니의 마음에서 온 것일지도 모른다.

아버지의 마음은
싸리 문짝에 걸어놓고,
어머니의 마음은
나물 캐던 산길에 남겨 놓았다.

아버지는
가족들 평안을 위해
평생을
싸리 문지기 되어 왔고,

어머니는
식구들 보양을 위해
평생 나물 캐던 산길에
발자국을 남겨 놓았어
　　　　- '아버지의 마음과 어머니의 마음'에서

　이 시인은 등단 소감에서 "나는 평생 시를 사랑하고 동경
하며 살아 왔고 언젠가는 시인이라는 이름표가 달려지기를
염원해 왔습니다."라고 말한 바 있다. 다른 사람 같으면 그
냥 해보는 말일 수도 있을 것이다. 그러나 이 시인에게 있
어 그것이 진실이었음을 이 시집이 말해 주고 있다. 건강
과학연구원의 일로 눈코 뜰 새가 없는 날마다의 생활이건
만 그의 염원은 마침내 불붙은 기름 심지처럼 타올라 순식
간에 한 권의 묵직한 시집을 만들어 내고 만 것이다. 쾌거
라 하지 않을 수 없다. 이번 시집의 시들을 크게 세 분야

로 나눌 수 있는데 하나는 지나간 과거와 자연을 회상하며 쓴 추억과 서정의 시편들이며 또 하나는 현실 속에서 경험하는 생활 시편들이다. 그리고 하나는 그가 건강과학자로서 그리고 신앙인으로서 가지고 있는 전문성의 시들이다. 그의 자연에 관한 애정은 남다르다.

겨우내 땅 밑을 지켜 살다가
다사한 봄기운에 새 힘을 얻어
굳어진 땅 살며시 비집고
수집은 얼굴을 내밀어
하늘을 향해 미소 짓는다

내려 쬐는 하늘의 빛을 받아
초록빛 옷으로 단장을 하고
사랑 받는 세월의 일원이 되고파
아름다운 몸매를 가꾸어 간다

양지바른 산길에 자리 지키며
화려한 왕관을 머리에 쓰고
오가는 이들의 애무를 기다리는
향기를 뿜는다

아이야 예쁘다 꺾지 말고
내 생명 다 하도록
따뜻한 맘 예쁘게 손짓하며
사랑해다오
　　　　－ '야생화 사랑' 전문

 그의 시선은 자연에만 머물지 않고 오늘의 현실을 항상

직시하고 있다. 어쩌면 대통령이나 장관, 그리고 염색 머리까지 그가 하고 싶은 말은 참으로 많다. 그의 예리한 관찰력과 좌우에 날선 칼 같은 충고가 번득이고 있다. 그러면서도 마침내는 낙조의 하늘 아래로 돌아와 고요한 별 하늘의 여심(旅心)에 자신을 묻는다.

종일토록 세상일에 몸을 던지다
풍요한 은혜와 사랑을 담아놓고는
화려한 지평선 저 쪽 노을 속으로
몸을 숨긴 아름다운 햇님의 그림자여!

낙조의 하늘을 곱게 곱게 물 드려
산야도 강물도 노을의 친구 삼아
희망찬 일출의 꿈을 꾸면서
하루 저녁 조용한 휴식을 잔다

향수와 동경을 하늘에 그려
자연미의 멧세지를 곱게 그리며
채색 신비의 낙조(落照)
고요한 밤하늘의 여심에 묻네
      — '낙조(落照)의 여심(旅心)' 전문

그리고 기도한다. 겸손의 생수에 몸을 담그고 지혜와 은혜의 새날이 되게 해 달라고, 사랑으로 세상을 창조하시고 그 사랑, 세상에 심어 세상을 아름답게 꾸미시려 이 땅에 우리를 보내 주신 하나님께. 그리고 외친다. 젊은이와 늙은이한테 어울려 번영의 나래 달고 하늘을 날자고. 그럴 것이다. 이부경 시인, 그는 충분히 그럴 것이다. 나이를 아무리 먹어도 늙지 않는 힘이 그에게는 있기 때문이다.

첫 시집 상재를 축하드리며 그의 시속에 하나님이 영감을 충만히 부어 주시기를 기원한다.

▮ 나의 삶, 나의 인생역정

- 남보다 먼저 생각하고 남보다 먼저 출발한다.
- 내가 맡은 분야는 언제나 세계 일등의 위치에 서게 한다.
- 그러면서 언제나 순리의 생활을 한다.
- 투철한 국가관을 가지고 조국의 발전을 위해 헌신한다.
- 항상 감동의 시를 암송하면서 그들 시와 연애를 하며 살아간다.

이것이 나의 삶, 나의 생활 철학이었다.

나는 공직생활을 통하여 사명감을 가지고 일에 미쳐 헌신함으로써 언제나 '일을 위해 태어난 사람'이란 별명을 받으며 다음과 같은 여러 가지 일들을 성취해냈다.

공직 생활을 통하여

▮ 우리나라에서는 계약재배라는 최초의 농업용어를 창안하여 고구마 계약재배 성공으로 당시 식량사정이 극히 열악했든 시절 농업정책사상 처음으로 식량증산시책에 획기적인 성공을 거두게 한바 있다(1964년……농림 통계연보 참조)

▮ 감자를 1년에 2회 재배하는 방법을 개발하여 감자증산에 획기적 성과를 올려 연중 감자가 출하되도록 함으로써 식량증산에 크게 공헌하였다.(1965년 농림 통계연보 참조)

▮ 당시 수입에만 의존했든 맥주원료인 맥주맥을 국산재배 성공시킴으로써 완전 수입대체를 시켜 외화 부족을 완화하는데 일조(1966년)

■ 맥주 원료인 홉프를 완전 국산 재배 성공시킴으로써 수입 대체에 성공(1968년)
■ 멀칭재배법 개발 보급으로 우리나라 농업증산(잎담배, 고추, 딸기, 기타)에 획기적 성과를 거두어 은색혁명의 창시자로서 대접을 받고 우리나라 농업증산과 전무후무한 농가소득에 기여.
■ 잎담배 건조실의 개량 보급으로 수출 잎담배 대량 생산하여 수출을 획기적으로 증대케 하고 내수용 양질 원료 잎담배 확보에 크게 기여(1972년)
■ 특히 1972년에는 111,500톤의 잎담배를 생산케 함으로써 과거 1년에 53,000톤 생산 수준을 당년에 종전의 2배라는 기적의 생산이 되도록 하였음
■ 잎담배 농가의 50년 숙원사업인 연내 완전 수납제도를 확립하였고 농산물 수매대전을 우리나라 최초로 통장제로 확립하였음(1976년)
■ 잎담배 생산의 암적 존재였던 입고병의 내병성 품종인 NC.82의 종자를 미국에 가서 천신만고 끝에 입수하여 우리나라 연초 경작에 획기적인 성과를 거두게 함
■ 담배꽁초는 산불 안 난다'는 연구 결과를 발표하여 세상을 깜짝 놀라게 하였음(1984년)
■ 농학이론 중 "작물의 질소기아 현상"이란 전통학설이 잘못된 것으로 밝혀내 농학 이론을 새롭게 정립하도록 학계에 보고(1989년)
■ 세계적 불치병인 당뇨병의 원인과 치료법을 연구 발표하였고 이 때문에 판매부진으로 재고가 12년치가 쌓여 있었다는 홍삼 엑기스가 하루아침에 매진 되게 한 실적(1990년 5월)

공직 생활을 이후
▮ 불치병의 하나인 고혈압의 원인과 치료법을 연구 발표 (1991년)
▮ 관절염, 퇴행성 무릎병, 허리디스크 치료법 연구 발표 (1993년)
▮ 두통, 편두통 치료법 연구 발표(1995년)
▮ 우울증, 치매의 원인과 치료법 연구 발표(1996년)
▮ 만성피로와 무기력증 예방과 치료법 발표(1997년)
▮ 감기, 독감의 원인과 치료법 연구 개발(2001년)
▮ 녹내장의 원인과 치료법 연구 개발(2002년)
▮ 아토피성 피부병의 원인과 치료법 개발(1989년)
▮ 중국, 대만, 홍콩 등지에 당뇨병의 원인과 치료법 초청강의 출장(1996년)
▮ 미국에 당뇨병의 원인과 치료법 강의 차 출장(1998년)
▮ 브라질에 건강관리 초청강의 강의 차 출장(1999년)
▮ 기타 국내의 건강 관리 초청강사로 수백 회 출장 강의
▮ 여러 신문 잡지에 건강관리 칼럼 연재 및 방송
▮ 상록수 문학회로부터 신인 문학상 수상으로 문단에 등단 (2003년)

저서
신비의 자연계 / 자연과의 대화 / 농토 배양기술 / 여드름, 기미 화장독 치료법 / 당뇨병 치료법 / 불치병을 정복하라 / 건강혁명
내 사전에 불치병은 없다 외 다수

수상
녹조근정훈장 / 철탑산업훈장 / 근장포장 / 국무총리상(2회) / 총무처·농림부장관상

바람은 친구 되어

인 쇄 : 2007년 3월 5일
발 행 : 2007년 3월 10일

지은이 : 이 부 경
펴낸이 : 박 종 수
펴낸곳 : 도서출판 태평양저널
등 록 : 제03-00468호
등록일 : 1991년 5월 3일

주 소 : 서울 영등포구 신길5동 337-119
전 화 : 02-834-1806
팩 스 : 02-834-1802

정가 : 7,000원

인지는 저자와의 합의로 생략합니다.
파본 책은 교환해 드립니다.